本书获2021年度黑龙江省省属本科高校
中央支持地方高校改革发展青年骨干人才项目
——财政应急治理长效机制构建
与效能提升研究支持

异质有限理性预期视角下
我国商品住宅价格调控研究

王蕴波　景宏军 ◎ 著

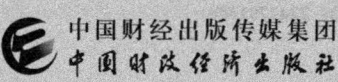

中国财经出版传媒集团
中国财政经济出版社

图书在版编目（CIP）数据

异质有限理性预期视角下我国商品住宅价格调控研究/王蕴波，景宏军著． --北京：中国财政经济出版社，2023.2
ISBN 978-7-5223-1863-9

Ⅰ.①异… Ⅱ.①王… ②景… Ⅲ.①商品房－房地产价格－物价调控－研究－中国 Ⅳ.①F299.233.5

中国国家版本馆 CIP 数据核字（2023）第 018343 号

责任编辑：张晓丽　　　　　责任印制：刘春年
封面设计：孙俪铭　　　　　责任校对：张　凡

异质有限理性预期视角下我国商品住宅价格调控研究
YIZHI YOUXIAN LIXING YUQI SHIJIAOXIA WOGUO
SHANGPIN ZHUZHAI JIAGE TIAOKONG YANJIU

中国财政经济出版社 出版

URL: http://www.cfeph.cn
E-mail: cfeph@cfeph.cn

（版权所有　翻印必究）

社址：北京市海淀区阜成路甲 28 号　邮政编码：100142
营销中心电话：010-88191522
天猫网店：中国财政经济出版社旗舰店
网址：https://zgczjjcbs.tmall.com
北京财经印刷厂印刷　各地新华书店经销
成品尺寸：170mm×240mm　16 开　12.75 印张　165 000 字
2023 年 2 月第 1 版　2023 年 2 月北京第 1 次印刷
定价：58.00 元
ISBN 978-7-5223-1863-9
（图书出现印装问题，本社负责调换，电话：010-88190548）
本社质量投诉电话：010-88190744
打击盗版举报热线：010-88191661　QQ：2242791300

前　言

商品住宅是解决民生问题的重要商品，商品住宅行业是地方经济社会发展的重要依托，商品住宅市场价格调控是国家治理体系和治理能力现代化水平的重要标志。在抗击新冠肺炎疫情的背景下，优化商品住宅调控的政策体系，实现商品住宅价格的平稳，不仅是一项产业政策，更是关系到国家"国内大循环、国内国际双循环"战略有效实施的重要抓手。对于商品住宅价格的调控伴随着我国商品住宅改革的全过程，实现商品住宅价格的平稳是政府与公众的共同愿望，但"价格越调越涨、越涨越快"这一现象似乎已经成为市场的常态，我国商品住宅市场也面临着价格泡沫的风险。因此，跳出"价格上涨—政府调控—价格上涨"的怪圈，已经成为政府、消费者和学界的共同愿望。

本书从商品属性和市场属性两方面着手分析我国商品住宅市场需求规律失效的原因。从商品属性方面看，我国的商品住宅处于吉芬商品阶段。在这一阶段中，商品的价格决定市场供求，而非市场供求决定商品价格。因此，对于商品住宅市场和商品住宅行业的调控要从价格调控入手，通过价格调控供求。从市场属性方面看，我国商品住宅市场是一个典型的不完全市场，在这个市场中，适用于普通商品的需求规律不能正常发挥作用，通过供需调控价格的方式也无法全面实施。因此，商品住宅调控的现有思路必须要调整。在此基础上，本书引入了预期理论，从理性预期失灵入手，证实我国商品住宅市场中存在的理性预期失灵，同时引入异质有限理性预期的概念，应用博弈论的方法证实异质有限理性预期与商品住宅价格波动之间的因果关系，得出我国商品住宅价格调控要从供求管理为主向预期管理转换的结论。为证实这一结论，本书以我国2002—2019年35个城市商品住宅价格为面板数据，应用动态面板模型差分广义矩估计方法（GMM-DIFF），分别对静态预期、外推型预期、适应性预期和一般有限理性预期与我国商品住宅价格之间的关系进行实证检验，证明了预期与价格之间的逻辑关系。最后，本书提出了从预期管理的视角进行政策优化，通过"异质预期同质化、有限理性预期理性化"两条路径，强化预期管理，实现商品住宅价格的平稳。经过前述分析，本书得出如下主要结论：第一，我国商品住宅处于吉芬商品阶段；第二，我国商品住宅市场是不完全市场；第三，我国商品住宅市场中消费者的预期是异质有限理性预期。

本书主要的创新体现在以下两个方面：第一，在理论概念方面，提出了"吉芬商品阶段"的概念。当价格的变化引起需求的反向变化时，商品处于普通商品阶段；当价格的变化引起需求的同向变化时，商品处于吉芬商品阶段。同一种商品的属性不固定，要根据商品所处的阶段进行确认。这一概念将固定的商品属性划分拓展为变动的阶段划分，跳出了吉芬商品与普通商品的争论逻辑。第二，在研究范式方面，突出了"异质有限理性预期"的作用，构建了"政策—预期—价格—供求"的研究范式。以预期作为中间变量构建双重因果关系，即：政策为因，预期为果；预期为因，价格为果。这一研究通过规范政府行为、重塑市场理性主体，实现稳定商品住宅价格，助力国内大循环与国内国际双循环的目的，从而提升国家治理体系和治理能力现代化水平。

本书第 1 章至第 7 章由王蕴波同志撰写，景宏军同志负责总体设计和统稿工作。

目 录

第1章　绪论 ·················· 1

　　1.1　研究背景 ··············· 4

　　1.2　研究意义 ··············· 6

　　1.3　文献综述 ··············· 9

　　1.4　研究框架与创新点 ········· 18

第2章　商品住宅价格预期调控的基础理论 ······ 21

　　2.1　概念阐释 ··············· 23

　　2.2　预期基本理论 ············ 32

　　2.3　商品住宅价格预期调控的路径
　　　　与机制理论 ············· 45

　　2.4　本章小结 ··············· 51

**第3章　我国商品住宅价格调控政策的演进
　　　　分析** ················ 53

　　3.1　调控政策演进 ············ 55

3.2 调控政策工具及分析 …………………… 74
3.3 调控政策的逻辑特征 …………………… 77
3.4 本章小结 ………………………………… 81

第 4 章 商品住宅及商品住宅市场的属性分析
………………………………………………… 83
4.1 吉芬商品阶段的商品住宅市场分析
………………………………………… 85
4.2 不完全竞争的商品住宅市场分析 … 105
4.3 本章小结 ………………………………… 113

第 5 章 我国商品住宅市场中预期的属性分析
………………………………………………… 115
5.1 商品住宅市场中的错配 …………… 117
5.2 商品住宅市场中的异质有限理性
预期 …………………………………… 119
5.3 异质有限理性预期对商品住宅
市场政策效果影响的模型分析 …… 130
5.4 本章小结 ………………………………… 138

**第 6 章 异质有限理性预期与我国商品住宅
价格关系的分析** ……………………… 141
6.1 异质有限理性预期下商品住宅
市场中的博弈分析 …………………… 143
6.2 异质有限理性预期与商品住宅
价格关联性的实证分析 ……………… 147
6.3 本章小结 ………………………………… 157

第 7 章　商品住宅市场预期管理的建议 ……… 159
　7.1　预期管理的现实必要性 …………… 161
　7.2　预期管理的模式 …………………… 164
　7.3　预期管理的核心要素 ……………… 166
　7.4　预期管理的具体措施 ……………… 172
　7.5　本章小结 …………………………… 177

后　　记 ………………………………………… 178
参考文献 ………………………………………… 181

第 1 章

绪　论

第 1 章

䋐論

从各国经济社会发展进程来看，商品住宅行业具有极强的特殊性，它既能够带来并体现经济的繁荣，也能导致并诠释经济的衰退，前者如20世纪70年代亚洲四小龙商品住宅市场的蓬勃发展，后者如20世纪80年代日本经济衰退中价格泡沫比的商品住宅和2008年美国次贷危机中崩盘的商品住宅。

1998年以来，随着我国商品住宅市场的迅速推进，尤其是城镇化战略的实施，居民大量的购买需求（包括刚性需求、改善性需求及投机性需求）得以释放，这直接导致商品住宅价格大幅上涨，均价从1998年的2062元/平方米上涨到2020年的9860元/平方米，年均增长率达到17.19%，远超同期GDP增长率和居民可支配收入增长率。高涨的商品住宅价格引起了政府、业界和学界的广泛关注。住宅价格中是否存在泡沫？价格泡沫有多大？如何保持价格的合理？如何实现商品住宅市场的平稳？……这一系列问题一直都是摆在中国经济和各级政府面前的重要课题。

当前经济进入新常态后，2016年党中央提出并屡次强调"房住不炒"的总政策基调，在一系列财政、金融政策的作用下，商品住宅价格趋于回落。但2020年暴发的新冠肺炎疫情导致经济下行压力加大，地方政府的土地相关收入锐减，政府缺乏继续调控商品住宅价格的内在激励，产生商品住宅调控政策难以一以贯之的可能，政策的不持续性助长了商品住宅价格波动的适应性预期，这将引发一系列经济和社会问题。因此，加强对商品住宅价格形成机制的研究，稳定价格预期，既关乎商品住宅行业发展，更影响整个经济的行稳致远。

本书按照"政策—预期—价格—供求"的研究范式，从非理性预期的视角，对处于吉芬商品阶段的商品住宅和不完全市场模式中的商品住宅市场进行分析，通过构建政策与预期、预期与价格、价格与供求的逻辑关系，提升预期管理的重要性，提出预期管理的政策体系，为我国商品住宅价格的稳定和商品住宅市场的平稳提供新的研究视角与研究方法。

1.1 研究背景

商品住宅是人民群众的基本生活品，解决"住"的民生问题；商品住宅价格是一个核心市场指标，关系到人民群众的基本福祉；商品住宅价格调控是一项重要政策，影响着其他政策的实施。本书对商品住宅价格调控进行研究基于以下特定的历史背景。

1.1.1 国家治理体系和治理能力现代化

继确立"工业现代化、农业现代化、国防现代化和科学技术现代化"这四个现代化之后，2013年11月，党的十八届四中全会提出"国家治理体系和治理能力现代化"（简称为"国家治理现代化"）的重大命题，这是我国现代化体系中的"第五化"。国家治理体系和治理能力是一个国家制度完整性和制度执行能力的集中体现，其中：治理体系是指管理国家的制度体系，具体包括经济、政治、文化、社会、生态文明和党的建设等各领域的体制机制和法律法规，也就是一整套紧密相连、相互协调的国家制度；国家治理能力则是指运用国家制度管理社会各方面事务的能力，包括改革发展稳定、内政外交国防、治党治国治军等多个方面。国家治理体系和治理能力是一个有机整体，相辅相成，有了完善的国家治理体系才能提高治理能力，提高国家治理能力才能充分发挥国家治理体系的效能。

显然，对于商品住宅价格调控的系列政策和措施是国家治理体系的重要组成部分，实现商品住宅价格的平稳是国家治理现代化的重要体现。商品住宅领域调控政策的科学程度影响着国家治理体系现代化的水平，商品住宅领域调控政策的实施效果也同样影响着国家治理能力现代化的程度，因此，优化商品住宅价格调控政策体系、提高调控效能不仅是一项行业政策，更是国家治理现代化的现实要求。

1.1.2 共同富裕与社会正义

2021年8月17日，中央财经委员会第十次会议提出，共同富裕是社会主义的本质要求，是中国式现代化的重要特征，要坚持以人民为中心的发展思想，在高质量发展中促进共同富裕。一般认为，富裕表示人们拥有的金钱、物资、房屋、土地等的数量多，而共同富裕就是一部分人一部分地区先富起来，先富带动后富，逐步实现共同富裕。

商品住宅已经成为我国居民家庭的重要财产构成，是居民家庭是否富裕以及富裕程度的标志。经过几十年的发展，部分家庭已经拥有了住宅，甚至有的家庭还拥有了大量住宅，但同时不可否认的是，部分低收入家庭人均住宅面积少之又少。在商品住宅领域，分配不公、贫富不均的问题已经形成，社会正义和共同富裕受到了严重挑战。因此，要实现共同富裕、促进社会正义，就要通过一系列政策的实施，实现商品住宅价格的理性回归，促进"居者有其屋"目标的实现。

1.1.3 乡村振兴与城镇化

乡村是具有自然、社会、经济特征的地域综合体，兼具生产、生活、生态、文化等多重功能，与城镇互促互进、共生共存，共同构成人类活动的主要空间。乡村振兴就是让农业成为有奔头的产业、让农民成为有吸引力的职业、让农村成为安居乐业的美丽家园；而城镇化是一个农村人口向城镇转移的过程，是农民生活方式、生产方式的根本性转变过程。党的十五届三中全会通过的《中共中央关于农业和农村工作若干重大问题的决定》正式提出了城镇化，2017年党的十九大报告中提出了乡村振兴战略。人口流动性的提升增强了乡村与城镇的联系，密切了乡村振兴与城镇化之间的战略关联，形成了典型的正相关关系——城镇化水平的提升能够促进乡村振兴，乡村振兴的实现能够推进城镇化。

城镇化水平的提高，一方面受到农村人口进城意愿和积极性的影响，另一方面还受到城市接纳能力和承载能力的制约。其中，商品住宅就是一个核心要素，其供给数量影响着城市的接纳能力和承载能力，其供给价格影响着农村人口进城的意愿和积极性。因此，要通过调控商品住宅价格直接影响城镇化的进程，间接推进乡村振兴。

1.2 研究意义

1.2.1 理论意义

（1）推进了吉芬商品理论的研究进程

在主流经济理论中，吉芬商品被作为一种与普通商品完全相反的特殊商品形式，它脱离价格规律的作用而存在、背离价值规律而运行。但在对于吉芬商品的理论研究中，学者们并未达成一致的意见，其学术分歧主要集中于以下两个方面：一是，吉芬商品是否存在？二是，吉芬商品包括哪些？

本书跳出上述两个争论，避开商品属性的争论，引入阶段性商品属性的观点，即：对于同一种商品，其商品属性不是固定的——随着所处市场环境的变化，商品会呈现出不同的属性特征。有的商品在某个阶段呈现普通商品的属性和特征，在另一个阶段却呈现出吉芬商品的属性和特征。因此，如果仅仅从某种商品的阶段性属性对商品进行固定的种类划分，就会犯以偏概全的错误。因此，本书认为，只有处在不同阶段的商品、呈现不同阶段特征的商品，没有属性固定不变、呈现特征也固定不变的商品，要从商品所处的阶段及其显现的市场特征对商品进行分类、分析和管理。

按照上述理论，本书引入了"吉芬阶段商品"的概念，这一概念丰富了吉芬商品的研究，并有效回避了关于吉芬商品的两个争论，将研究的重点从"吉芬商品是否存在"和"吉芬商品有哪些"这两个议题向前推进，在承认吉芬商品存在的前提下，将研究重点推进到如何加强对吉芬阶段商品的管理。

（2）丰富了商品住宅的价格调控理论

市场经济价格理论是以价值规律为基础的，价值规律包括两部分内容：第一，商品的价值量是由生产这种商品的社会必要劳动时间决定的；第二，商品交换要以价值量为基础，实行等价交换。在市场管理方面，按照"政策—供求—价格"的研究思路进行分析，强调政府的供求管理。

本书在价格研究范式中突出"预期"的中介地位和调控作用，引入消费者预期、生产者预期这些重要的中间变量，突出预期在商品住宅形成机制中的作用，按照"预期影响供求、供求影响价格"的思路对商品住宅价格展开研究，将政策的着力点由直接调控供求转向影响预期，构建"政策—预期—价格—供求"的新研究范式，从而丰富价格研究理论。

1.2.2 实践意义

(1) 在宏观调控层面：促进调控模式由供求管理到预期管理

长期以来，我国商品住宅调控领域坚持供求管理，采取产业政策、财税政策、金融政策和行政政策等多种手段，多策并举，从控制市场供求入手，实现对价格的调控，但效果甚微。

本书将异质性有限理性预期引入商品住宅调控领域，突出强调预期在价格形成中的重要作用，将政策的调控重点转移为预期，通过异质预期的同质化、有限理性预期的理性化，引导市场预期、把控市场预期，规范政府政策，从而完成价格调控。实现商品住宅调控模式由供求管理到预期管理的过渡。

(2) 在宏观经济层面：助力国内大循环与国内国际双循环

在新型冠状病毒肺炎疫情的影响下，2020年7月30日中央政治局会议提出：加快形成以国内大循环为主体、国内国际双循环相互促进的新发展格局。而这种"双循环"能否实现，市值400多万亿元的商品住宅是其中重要的一环——如果价格上涨的有限理性预期持续存在，商品住宅市场将持续性占有大量社会财富，从而限制经济的正常循环。

本书通过预期管理，形成立足于居住功能的商品住宅理性预期，强调商品住宅市场民生保障的功能，剥离、弱化其金融投资和市场投机功能，实现价格稳定和"房住不炒"的目标，将该行业占用的大量社会财富予以释放，使资金回流到其他实体经济中，从而直接推动促进经济大循环与国内国际双循环。

(3) 在国家治理层面：实现国家治理体系和治理能力现代化

党的十九大和十九届四中全会提出通过"推进国家治理体系和治理能力现代化"的路径，达到"坚持和完善中国特色社会主义制度"的发展目标。商品住宅行业是一个在国民经济中占有重要位置、对上游下游产业存在巨大拉动作用的行业，如果价格长期处于失控状态，经济长期笼罩在价格泡沫破灭的阴影之中，这样的经济是不健康的，这样的国家治理也不会是现代化的。

本书通过对商品住宅、商品住宅行业的分析，提出了调控的新路径，提升了国家对商品住宅价格调控政策的合理性、路径的可行性、政策目标的科学性，这将在很大程度上完善并推进国家治理体系现代化、彰显并提升国家治理能力现代化。

1.3 文献综述

由于商品住宅的特殊性，商品住宅价格一直备受理论研究学者的关注，该领域的研究主要集中在以下几个方面。

1.3.1 关于商品住宅市场主体决策博弈问题

Dewey（1988）应用博弈论理论对商品住宅开发过程中政府、开发商等市场主体的博弈行为进行了分析，指出：在商品住宅开发的过程中，地方政府处于一个核心位置，在地方利益与国家整体利益产生冲突时，地方政府的政策尤为重要；Muth、Hanushek（1991）引入购买过程中的效用函数，提出不同地域间商品住宅价格具有相互作用的关系；Case（2012）在研究过程中对商品住宅购买者的经济行为进行了深入分析，着重探讨了普通消费、国民收入以及储蓄量三者之间的相互作用关系，探讨商品住宅价格对消费者行为的影响程度；Engelhardt、Potepan 等（2001）引入金融衍生工具这一变量，将研究视角转为对消费者购买行为的影响方面，提出对税务制度进行改革的建议；Mark Bagnoli（2005）就商品住宅购买过程中合约的决策作用进行了研究，分析了购买行为中的部分博弈行为，为后续商品住宅市场主体博弈行为研究奠定了基础。

国内关于商品住宅市场调控博弈关系问题的研究主要集中在以下两方面：第一，中央政府与地方政府的关系问题。张忠野（2007）、周建军和代支祥（2012）认为调控政策违法现象呈现的是中央政府与地方政府之间的利益博弈以及部委之间的利益冲突。宏观调控已由政府与市场之间的关系，演变为政府内部的一场混战。以中央政府与地方政府的利益关系存在的对立统一为出发点，学者们分析了二者在政策执行上进行博弈的深层原因，并通过建立纳什均衡博弈模型对中央政府与地方政府的博弈行为进行分析，提出解决方案。第二，政府与市场的关系问题。张曙光（2013）、林毅夫（2014）、张守文（2014）认为：政府与市场的关系问题，特别是政府在商品住宅市场中的职责定位问题决定了诸多调控政策的根本价值和功能发挥，这也是商品住宅市场调控相关法律制度设计的基础问题。

1.3.2 关于预期与商品住宅价格的关系研究

Muellbauer、Murphy（1997）采用英国 1957—1994 年商品住宅市场数据进行价格分析，结论表明：预期收入、商品住宅市场预期收益是影响英国商品住宅市场繁荣和萧条的主要原因之一；Wong（1998）以泰国地产泡沫为背景，建立了一个动态模型，展示了在经济过热、国际资本大量流入的情况下，地产商对市场过度乐观的预期，以及预期作用下的"羊群效应"在房价膨胀过程中的作用机制；Case、Shiller（1988、2003）通过发放问卷的形式调查了美国4个城市住宅购买者对于未来住宅价格增长预期的看法，发现住宅价格水平很大一部分由居民预期推动，且形成这种预期是以过去住宅价格的变化作为基准，而不是未来基本面的任何信息；Eddie、Lui（2002）则从计量经济学角度检验了香港1978—1981年繁荣时期和1982—1984年萧条时期的真实商品住宅价格与预期商品住宅价格之间的协整关系，并运用理性预期假设修正经济基本面模型检测了商品住宅价格对经济基本面的反应能力，最后发现短期内香港商品住宅市场价格与经济基本面二者之间的关系极不稳定，而这种短期的市场干扰很大程度上是政府干预和非理性预期市场波动的结果；Paloma、Stanley（2009）也认为相比于人口、住宅存量、收入、财富、利率和通货膨胀等传统价格驱动因子，预期是非经济基本面商品住宅价格上涨的决定要素；Luisa、Caterina和Maria（2010）则分析了预期驱动型波动在商品住宅的繁荣萧条循环中所扮演的角色，研究发现正是对未来生产力状态、投资成本、商品住宅供应量、通货膨胀、利率以及中央银行政策目标等预期的变动造成了商品住宅市场的繁荣萧条循环；Shady、Ahmad（2008）等认为商品住宅价格预期是外生的，为了论证这一点，Khold、Ahmad（2009）利用误差修正模型（VECM）分别探讨了商品住宅价格预期由经济基本面形成和由过去信息外推形成两个不同假设下市场的效率，结果发现：仅当资本收益预期由过去信息外推形成时，商品住宅价格才是可预测的，这再次证明了外推型预期能够更好地解释商品住宅价格行为；Karl E. Case（1989）认为过分的预期是影响商品住宅价格的重要因素，建议从改变人们预期的途径，达到影响、调控商品住宅价格的目的；Yukio Noguchi（1994）通过对日本47

个区域地价影响因素的分析，得出过分预期心理引起大量投机需求、导致地价巨涨的结论；Meen（1990）提出了运用价格模型定量分析商品住宅价格预期收益率、预期收入对商品住宅价格波动影响的方法。

我国学者多以消费者预期为立足点，对预期与商品住宅价格的关系进行理论阐述。张澜、周千秋（2006）从理性预期的概念出发，分析了宏观调控下商品住宅价格运行的主要特点，并分析了政府政策、金融机构和厂商行为对消费者预期的影响，进而提出了正确引导消费者预期的几点建议；刘志伟（2007）从政府、金融机构、企业对消费者市场预期的影响进行了分析，结合我国的商品住宅市场状况，论证了市场预期与商品住宅价格的关系，在此基础上，提出了解决商品住宅价格过快增长的措施；娄国豪（2007）具体探讨了几类商品住宅参与者的行为对消费者理性预期的影响，认为政策制定应注意正确引导消费者的理性预期；任荣荣、郑思齐、龙奋杰（2008）通过引入住房所有权成本概念，分析了预期对商品住宅价格的影响机理，并采用面板数据、聚类分析等方法量化分析预期对商品住宅价格的影响。

此外，国内部分学者致力于预期与商品住宅价格关系的实证分析。例如，梁云芳、高铁梅（2007）研究了东部、中部、西部地区商品住宅价格波动的差异及其原因，研究结果表明：中部地区商品住宅市场发展与经济基本面的关系比较密切，而预期对东部地区商品住宅价格的短期波动影响明显；任荣荣、郑思齐、龙奋杰（2008）对我国35个大中城市2003—2008年的商品住宅市场数据进行分析，发现预期在商品住宅价格的变化中发挥了重要作用；苑德宇、林致远、宋小宁（2008）则基于适应性预期假说，通过构建关于商品住宅价格泡沫测度的分析框架，对2001—2005年我国35个大中城市商品住宅市场的面板数据进行分析，以测度各城市的商品住宅价格泡沫成分；在具体的模型构造方面，周京奎（2005）构建了适合中国的商品住宅投机理论模型，通过实证分析证明由预期诱导的投机行为是推动商品住宅价格上涨的一个重要因素；袁志刚和樊潇彦（2008）构造了一个商品住宅市场的局部均衡模型，该模型在理论上为分析行为人预期、银行信贷以及政府政策在商品住宅价格泡沫形成中的作用提供了一个简明、统一的分析框架；张亚丽、梁云芳、高铁梅（2011）运用跨期优化选择模型，根据商品住宅和消费品的边际替代率条件得出商品住宅价格决定模型，使用动态面板广义矩阵进行建模，研究结果表明：预期人均实际收入和预期商品住宅收益率是商品住宅价格持续快速上涨及波动的主要因素；王军武、赵讳（2011）从供给和需求分析入手，建立了商品住宅价格的预期模型，对武汉市商品住宅市场进行了实证分析研究，分析结果表明：适应性预期在消费者的价格预期中占据主导地位；杨先鹏（2006）则基于存量与流量理论建立了预期对商品住宅价格影响的定量分析模型，研究表明：商品住宅市场中的非理性预期是引起近几年住宅价格持续上涨的主要因素之一，建议政府进一步利用金融政策和其他政策影响投资者、投机者对商品住宅市场的预期，引导商品住宅市场迈向正常的发展轨道；孔煜（2009）分析了预期对商品住宅供给与需求的影响，构建了商品住宅市场的供需均衡模型，从理论上分析预期与商品住宅价格波动的内在机制，同时采用线性回归、格兰杰因果检验方法定量分析二者的关系；高苛、刘长滨（2008）以商品住宅存量—流量模型为基础，分别建立了理性预期、适应性预期以及有限理性预期下的房价模型，研究三种预期对商品住宅价格的影响，他们的观点是预期主要对商品住宅需求产生影响；孔煜（2009）假设供需双方对未来有相同的预期，在这一假设条件下设计出商品住宅市场的供给与需求函数；况伟大（2010）给出了一定假设条件下的商品住宅市场供需函数，他通过对商品住宅存量调整模型的改进，建立了考虑预期的商品住宅市场均衡模型，研究表明：预期对商品住宅市场供给与需求都有重要影响；孙巍、徐笠崴、何彬（2011）建立解释变量为"刚需"和投机需求的基于资产升值预期的住宅价格模型，研究表明：商品住宅市场在短期内供给无弹性，需求因素才是决定价格升值预期的决定性因素。

1.3.3 关于商品住宅市场预期的影响因素与测度方法

(1) 关于预期的影响因素分析

学者们多将宏观经济基本面、商品住宅宏观调控政策、历史价格、市场主体行为、不确定性因素等作为商品住宅预期的影响因素。例如，娄国豪（2007）从消费者的市场预期出发，分析宏观调控政策、金融政策、厂商行为、从众心理等对消费者理性预期产生的影响以及影响路径，进而分析商品住宅价格上涨的原因；孔煜（2009）结合中国商品住宅市场的现实，分析了影响市场预期变化的因素，包括：宏观经济基本面（经济增长、城镇居民收入水平、城市化水平、汇率、货币流动性）、金融环境、政策层面（土地、财政、保障房等政策）等；刘婷、孙绍荣（2009）研究了投资者的预期形成机制以及商品住宅价格连续上涨所持续的时间、上涨幅度、国家宏观调控政策等影响预期的因素，建立了商品住宅市场预期模型；贺京同、徐璐（2011）提出商品住宅预期并非仅基于传统经济因素的理性预期或仅依据历史信息的适应性预期，而是极易受到货币幻觉、过度信心、片面信息、供给垄断等行为因素的影响；徐文政、盛宇华（2011）指出不确定性因素是影响主体预期的主要因素，这些因素包括投资收益变化、主体风险承受力的变化、竞争博弈行为以及替代产品的威胁等，在此基础上，构建了包括这些因素在内的商品住宅价格预期模型。

(2) 关于预期的测度方法

国内学者多延续西方学者常用的预期测度分析方法，例如孔煜（2009）采用外生价格预期法指出消费者预期指数可以替代消费者对家庭经济状况和总体经济走向的预期，并对商品住宅销售价格进行了实证分析，表明消费者预期与商品住宅价格波动之间存在较强的长期均衡关系；张亚丽（2011）、任荣荣、郑思齐、龙奋杰（2008）在量化商品住宅价格预期收益率时，采用价格法得到商品住宅价格预期增长率的量化值；王来福（2008）假设商品住宅市场主体为理性预期，并采用替代变量——国房景气指数来反映公众对商品住宅市场的预期。

1.3.4　关于预期与政策调控的关系

Kim（1999）在研究预期和价格管制的影响时，分别建立了适应性预期和完美预期下的商品住宅市场供需均衡模型，并得到两种价格的表达式和商品住宅价格与管制价格的关系。实证研究表明，采用适应性预期的人更倾向于取消价格管制，因为商品住宅整体价格会长期低于价格管制下的价格水平。国内预期影响宏观经济管理方面的研究成果主要包括：王来福（2008）结合中国商品住宅市场的典型事实，通过建立一个完全信息动态博弈模型进行实证研究，分析了公众预期对经济政策效果的影响；翁少群、刘洪玉（2005）从需求方心理预期的角度入手，定性分析了预期影响宏观调控对供求双方调控效果的机理，并给出了相应的政策建议；薛志勇（2012）分别对预期的传导机制以及商品住宅调控政策、政策思路以及作用路径进行了梳理，通过从预期作用于商品住宅政策调控的效率出发，就预期对商品住宅价格的影响进行了量化分析，进而借助准理性预期模型，对商品住宅调控政策效果进行分析，他认为商品住宅调控政策的效果并不是一定的；王来福（2008）选取了国房景气指数和商品住宅投资占 GDP 的比重指标作为公众预期和政府政策承诺的量化指标，采用 VAR 模型实证检验了预期和不可置信的政策承诺对商品住宅价格调控效果的影响，研究表明，由于政策效果的事前不可观测与执行当中的逆转，商品住宅调控政策成为不可置信的承诺，在社会公众理性预期的基础上，政策承诺的不可信导致调控政策失效；高苛、刘长滨（2008）分别建立了理性预期、适应性预期、准理性预期条件下的商品住宅价格模型，将住宅调控抽象为一个参数，通过设置参数值进行商品住宅价格运行的模拟分析，最后提出引导公众预期的政策建议；王华春、赵蕊、陶斐斐等（2009）定性分析了预期对商品住宅供需的影响，梳理了2003年以来的商品住宅调控政策及失效的原因，总结了城市化、宽松的货币政策等引起市场主体预期变化的因素，并提出了引导和稳定消费者预期的政策建议。

1.3.5 关于商品住宅政策调控的长效机制问题

针对商品住宅政策调控中临时性调控措施长效化问题的研究主要包括：裴亚洲（2014）认为，建立商品住宅政策调控长效机制必须通过城镇居民住宅保障、财政、税收、金融、土地等方面的制度性改革来实现，并通过法律加以巩固，确保长效机制运行的合法有效性；于文涛（2013）则建议创新土地供应方式，增加土地供应数量；完善住房供应体系，保障改善型居住需求；加强税收手段的运用以抑制投机性和投资性需求；加强对国际热钱流入的监管，减少套利空间；拓宽投资渠道，减轻商品住宅市场的政策调控压力；仇保兴（2011）则强调商品住宅政策调控应重点做好两方面的工作，一方面要做到两个协同，即：部门之间的协同以及中央与地方的协同，另一方面是商品住宅市场调控政策的组合使用；蔡继明、韩建方（2011）提出引导我国商品住宅市场调控走出困境的根本途径是推出大量廉价的自住性和改善性商品住宅。

1.3.6 研究现状述评

通过对国内外商品住宅价格波动、预期与商品住宅宏观调控等方面研究成果的整理，本书发现国外的研究成果比较丰富，这部分成果也被大量地介绍到中国。相比之下，国内相关研究议题虽然广泛，但却分散而不够深入，尚有如下问题需要解决：

(1) 以普通商品作为研究的出发点和逻辑前提

对于商品住宅价格的现有研究中，大部分是基于商品价值规律，即：商品住宅的价格受到供给与需求的影响，与供给呈反方向变化、与需求呈同方向变化。因此，通过扩大供给与降低需求就可以对商品住宅价格进行调控，从而实现价格的稳定。

但现实中的情况却与理论相反，随着以"增加供给、限制需求"为特征的商品住宅调控政策的不断出台，商品住宅价格不但没有实现平稳，反而出现了逆市增长的情况。这与价值规律和政府的调控政策目标都产生了背离的情况，导致越调控价格越高的悖论。现有研究对这一现象缺乏解释，更没有基于这一现象提出新的解决思路。

(2) 关于商品住宅价格预期主体的博弈决策

商品住宅价格的变动首先取决于各方对商品住宅价格的预期和行动，二者之间存在一系列错综复杂的博弈关系，这是主导商品住宅价格增长的直接动因。但现有成果基于预期研究的深入性不足，即：对于我国政策调控领域的调控主体（包括各层级政府、各部门）之间、调控主体与受控主体间多方博弈关系的研究不足。因此，需要进一步分析决定商品住宅价格非市场性波动各方之间的博弈关系，通过博弈关系分析，掌握在不同宏观政策条件下利益各方的策略和行为。

(3) 关于政策、预期与价格的相互关系

我国目前关于预期、商品住宅价格与调控政策的研究，多是三要素间两两关系的研究：或分析商品住宅价格与预期的相互关系，或分析预期与调控政策效果的相互关系，缺少对以预期为中间变量的调控政策与商品住宅价格关系三要素动态相关性的系统分析。同时，在商品住宅价格与预期的关系分析方面，少有文献将商品住宅市场各行为主体（消费者、投机者、开发商、政府等）预期纳入同一个框架来分析商品住宅价格，也很少有研究者在分析过程中对商品住宅价格预期的形成机制和作用路径加以深究。

基于以上问题，本书从吉芬现象入手，通过对商品住宅市场主体之间的博弈分析，证实政策、预期、价格与供求两两之间的因果逻辑，在此基础上提出价格调控的新机制。

1.4 研究框架与创新点

1.4.1 研究框架

基于现有商品住宅价格研究中存在的问题，本书从吉芬商品的特征出发，论证当前我国商品住宅商品处于吉芬商品阶段的事实，同时，从供给、需求、信息等方面分析我国住宅市场不完全竞争市场的属性，从上述两方面解释我国现阶段商品住宅价格调控政策失效的原因。在此基础上，引入"异质有限理性预期"这一中间变量，通过模型分析找出影响商品住宅价格预期的要素，基于这些影响因素，对下一阶段政府对商品住宅价格调控的方式、路径等方面提出政策建议。本书的研究框架如图1-1所示。

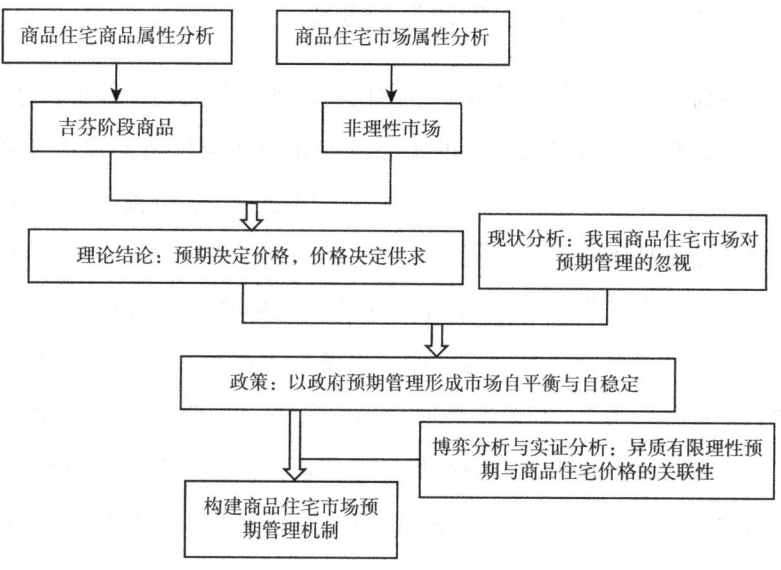

图1-1 本书研究基本框架

1.4.2 可能的创新点

（1）引入"异质有限理性预期"这一中间变量

传统经济学理论认为价格变化与供求的变化之间是一种直接的关联。但现实经济生活中，在二者之间是存在一些中间变量的，而且中间变量对于市场决策会产生很大的影响。本书在商品住宅价格领域引入"异质有限理性预期"这一中间变量，分析考量预期在价格形成、供求行为选择等方面的作用，通过分析预期的形成机制和作用机理，为政策调控预期寻找精准的作用点，以通过预期的整合、管理和调控达到稳定商品住宅价格的目标。这一中间变量的引入，为我国商品住宅行业价格波动提供了新的解释方式，同时为价格的调控提供了新的方向。

(2) 提出"吉芬商品阶段"的概念

吉芬商品是一种特殊的商品，它的需求曲线与普通商品的需求曲线不相一致，其价格与需求之间的关系、变化规律与价值规律大相径庭，它为经济学开辟了一个全新的研究领域。但是对于吉芬商品是否真的存在、应该如何具体表述等问题，在理论界仍然存在争论。本书跳出争论双方的争论焦点，提出"吉芬商品阶段"的概念，指出每种商品在不同的市场环境、差异化的交易主体特性条件下都存在"普通商品阶段"和"吉芬商品阶段"，商品在普通商品阶段体现出普通商品属性，而在吉芬商品阶段则表现出吉芬商品属性，任何商品都不会一直表现出普通商品属性，也不会始终体现吉芬商品属性。这为我国商品住宅的精准调控、动态调控提供了理论依据。

第 2 章

商品住宅价格预期调控的基础理论

2.1 概念阐释

2.1.1 商品住宅：一种多重功能的商品

本书将研究的对象限定在"商品住宅"的范畴，这一研究对象是指能够在市场上进行交易、具有商品属性的住宅，为清晰这一概念，需要将商品住宅的概念与非住宅、非商品住宅等相近概念进行区分。

(1) 住宅与非住宅

按照用途标准，房屋可以分为住宅与非住宅。二者之间的区别主要包括以下三个方面：

第一，属性与用途不同。住宅是能够满足人们居住需求的房屋，而非住宅是满足人们居住以外需求的房屋，如：满足仓储需求的仓库、满足办公需求的写字楼等。由于非住宅一般来说都是用来满足商业用途的，也可以叫做商业用房。

第二，法律规定的土地使用年限不同。由于我国实行城镇土地国有制，土地所有权归属于政府，且不能转让，因此，住宅与非住宅的建造开发企业要开展开发活动，就只能从政府手中获得有限期的土地使用权。在土地使用权的使用期限方面，非住宅用地使用权的最高使用年限为50年，而住宅用地使用权的最高使用年限为70年。①

第三，配套的权利不同。住宅与居民权联系比较紧密，而非住宅与居民权之间的关联度不大。比如：购买了住宅之后，就可以落户，子女就能够就近入学，而购买了非住宅，是不能享受这些政策待遇的。

由于非住宅在整个行业中的占比较低，同时非住宅与公众生活之间的关联度又不是特别紧密，因此，非住宅价格的涨跌在社会上所引起的反响不像住宅那样大，因此，本书的研究范围仅仅限定在能够满足人们居住需求与人们生产、生活关联度高的住宅上。

(2) 商品住宅与非商品住宅

在住宅的范畴内，以能否在市场上进行交易为标准，可以将其划分为商品住宅和非商品住宅，其中：商品住宅是指按照现行法律法规，经政府城建、环保等有关部门批准建造、由专门的住宅开发经营企业按照市场化的方式设计、开发、建设，建成后可以在市场上出租出售的住宅，这一系列的流程都要遵循市场规律；非商品住宅是指由于法律、制度等的限制，只能在一定范围内或一定条件下才能进行交易的住宅，它是不按照市场化的方式进行建造和销售的住宅，如：自建自用的住宅、农民的住宅和城市小产权住宅等，非商品住宅的价格具有区域性和随机性的特点，对市场总体价格的影响不大。

二者之间的差别包括：

第一，价格形成机制不同。由于非商品住宅具有非市场化的特征，因此，它的建造主要是一种为了满足个人消费的私人行为，商品没有销售市场（或者市场条件苛刻），因此也不存在共同的市场价格；而商品住宅和市场中的普通商品一样，具有典型的市场化特征，它的价格是在

---

① 按照目前的规定，土地使用权到期后，在缴纳相关费用的条件下可以续期继续使用，但是初次出让还是要按照土地不同的用途而规定不同的使用年限。

市场供求双方的多次博弈下形成的，体现了市场供给与市场需求之间的力量对比。

第二，产权完整程度不同。商品住宅的所有者拥有包括所有权、收益权、分配权和处置权在内的完整产权，而由于法律等条件的限制，非商品住宅的所有者对非商品住宅只拥有部分产权。

第三，经济社会影响不同。由于非商品住宅的非市场化特征，导致它对于上游产业和下游产业的影响是零散的，而商品住宅的市场化程度较高，它对于上游建材（主要包括钢材、水泥）等行业的拉动作用明显，同时对于下游消费者的影响也较大，甚至对政府财政收支和金融运行也存在重大影响。因此，相对而言，商品住宅会引起更大的社会关注度。

（3）多重定位的商品住宅

最初，住宅只是定位为解决人们居住需求的一种普通产品，体现的是单一"消费品"的民生功能，具有较高的生活关联度，目前，这种特性主要体现在非商品住宅上。随着市场的发展，住宅呈现市场化，它由产品变成了商品，呈现出更多"商品"的市场交换功能，具有较高的行业关联度和财富效应。随着市场的进一步发展，商品住宅日趋金融化，商品住宅的"金融商品"定位凸显，"金融"属性的投资与投机功能增强。因此，商品住宅至少具有产品、商品和金融商品的多重定位，发挥多重功能。

但多重定位与多重功能之间存在着一定的矛盾性，例如：当商品住宅作为产品和商品时，要求价格具有稳定性，而当商品住宅作为金融产品发挥金融功能时，则要求价格具有一定的灵活性。这种多重定位提升了商品住宅的复杂程度，也提高了商品住宅价格调控的难度。

2.1.2 商品住宅业：一个高相关性的行业

(1) 商品住宅业的发展

1980年国务院发布《全国基本建设工作会议汇报提纲》，开始了我国住宅行业商品化的探索，但直到1998年国务院发布《关于进一步深化城镇住房制度改革加快住房建设的通知》，住宅才不再由政府提供，而转由市场进行生产，这宣告了住宅全面商品化和市场化，住宅由一种政府进行分配的职工福利转变为一种由市场负责供给的商品，职工住宅需求的满足也演变为一种市场行为，商品住宅行业开始兴起。1998年当年的开发建设投资总规模为1.96万亿元；2002年《招标拍卖挂牌出让国有土地使用权规定》及2004年《关于继续开展经营性土地使用权招标拍卖挂牌出让情况执法检查工作的通知》这两项政策发布后，商品住宅业迎来了快速发展的黄金时期，又及至2003年《关于促进房地产市场持续健康发展的通知》的发布，政府正式将商品住宅业定位为国家支柱产业。经过多年的发展，商品住宅行业现已成为中国经济的重要增长点，根据国家统计局发布的2020年中国经济年报显示，2020年全年，商品住宅销售面积为176086万平方米，比上年增长2.6%；商品住宅销售额173613亿元，比上年增长8.7%。根据销售金额和销售面积估算，2020年全国商品住宅均价为9860元/平方米，同比涨幅为5.9%。从我国商品住宅业的培育与发展进程来看，政府这只"看得见的手"始终相伴左右。

(2) 商品住宅业的特征

我国的商品住宅业在发展中呈现以下特征：

第一，较高的产业关联度。从住宅实体角度看，商品住宅的建造流程可以细分为开发、销售、装饰等环节，每一个环节都需要大量的生产资料投入，包括：土地、劳动力、建筑材料、资本、技术等，这样，商品住宅业的发展对于土地市场（包括一级市场和二级市场）、劳动力市场、资本市场、建筑材料市场等会带来巨大的有效需求，对这部分行业的企业产生巨大的拉动作用，同时对于住宅装饰、交易中介等关联度较高的下游产业影响也是巨大的。

另外，从金融视角看，商品住宅业的杠杆系数较大。由于商品住宅业资金密集型的特征，导致商品住宅企业在商品住宅开发过程中，对于银行贷款的依赖程度较高，同时，由于商品住宅耐用消费品的定位，导致作为消费者的居民在购买商品住宅的时候对于银行贷款的依赖程度也较高。供需双方的共同作用导致商品住宅业发展呈现高金融杠杆的特征，商品住宅业与金融业的发展休戚与共，呈现高度正相关关系。因此，各级政府都非常重视商品住宅业这种较高的行业关联度，将商品住宅行业作为宏观政策调控的重中之重。

第二，突出的经济、财政贡献率。这两方面的贡献率分别体现在经济和财政方面：

在对经济贡献（以 GDP 为指标）方面，商品住宅业从多个方面影响着国内经济，推动着上下游产业的共同发展。从《中国统计年鉴》相关数据分析可知，在行业增加值与 GDP 占比方面，2016 年，商品住宅全社会固定资产投资规模达 14 万亿元，在全社会固定资产投资总额中占比近 25%，行业自身产业增加值达 4.9 万亿元，占当年 GDP 的 6.68%。若进一步考虑商品住宅对钢铁、水泥和装修、装饰材料等上下游产业的联动作用，商品住宅行业对 GDP 的影响预计可达 20%。

在对财政收入贡献方面，按照我国目前的税制结构，商品住宅业在开发环节涉及的主要税种包括：增值税、耕地占用税；在交易环节涉及的税种包括：增值税、城市维护建设税、土地增值税、印花税、契税、个人所得税、企业所得税；在持有环节涉及的主要税种包括：房产税、城镇土地使用税。这些税种大部分是单一环节征收，但有的也在多个环节征收（如：增值税）。在我国目前的 18 个税种中，这部分商品住宅相关税种占 55.56%。另外，地方财政还有一项重要的商品住宅相关收入——土地出让金，据统计，2017 年全国 300 个城市各类土地成交出让金 4.1 万亿元，同比增长 39.3%。其中，商品住宅用地出让金 3.4 万亿元，同比增长 46.7%，相较于 2017 年全国财政收入 23 万亿元，土地出让金占比达 17.8%。因此，商品住宅的发展与财政收入息息相关，甚至有的地方财政对于商品住宅业的发展已经达到了依赖的程度，是典型的土地财政。

第三，城市化的重要依托。城市化的发展要实现两个基本转变：居民的身份由农民变成市民，生产方式由农业生产转变为工业生产。在这两个转变中，商品住宅业的发展都能够提供重要依托：一方面，从住宅供给的角度看，商品住宅业的发展能够为进城农民提供住宅，提供城市的接纳能力，使农民顺利转变为市民，而不至于成为流民；另一方面，从劳动力需求的角度看，商品住宅业固有的劳动密集型特征使其能够提供大量低门槛的就业机会，成为吸纳进城农民的重要产业，使其由直接从事农业生产的农民转变为从事建筑业的产业工人，实现生产方式的转变。

可见，商品住宅行业的发展能够直接促进城市化进程，这一行业不仅仅能够提供住宅商品，它更加关系民生的根本、关系国计的大局，是公众、社会、政府都关注的特殊行业。

2.1.3　商品住宅价格：一组特殊的构成

（1）价格的组成

商品住宅价格是商品住宅价值的货币表现，一般来讲，是特定时间段内，商品住宅的价格由土地成本、建造成本、销售成本及利润构成，其价格的具体组成如图2-1所示。

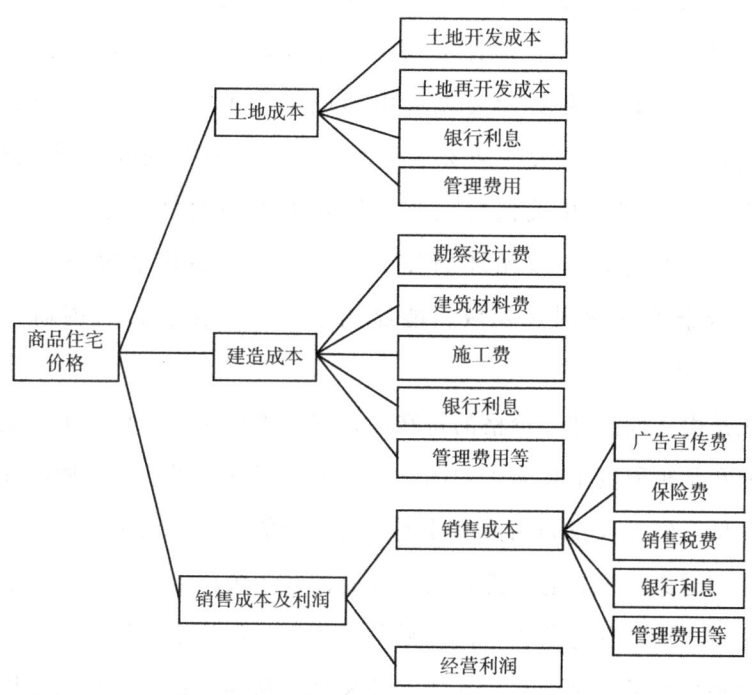

图2-1 商品住宅价格构成简图

(2) 价格的特点

从图2-1可以看出，商品住宅价格具有如下特点：

第一，价格构成的复杂性。从图2-1可以看出，作为商品，住宅价格包括土地成本、建造成本和销售成本及利润，这部分成本的不同会造成价格上的一定差异。同时，由于商品住宅的不可移动性，商品住宅市场事实上是一个区域性的市场，其价格与其所在区位关系密切，且具有不可分割性和不可复制性。不同区位商品住宅的自然环境、配套设施、教育医疗、物业管理、建筑质量、物权年限等因素都不同，其中任何一个因素的改变都能造成价格的巨大差异，这造成了价格构成的复杂性。

第二，价格的高利益相关性。从微观角度看，商品住宅价格的构成涉及土地成本、建造成本、销售成本和利润，价格的涨落同时涉及地方政府、银行、商品住宅开发企业和消费者的利益，牵一发而动全身；同时，由于"谷贵伤民，谷贱伤农"的困境，各个主体之间矛盾性的巨大利益冲突无形中形成了一种零和博弈的局面，导致价格调整的难度较大。从宏观角度看，商品住宅价格与其他行业、与整个国民经济的相关性也较高，居高不下的商品住宅价格已经成为阻碍经济内循环和双循环的障碍，高企的商品住宅价格导致大量的社会资金被吸附到该领域，能够用于启动内需、扩大内需、发展双循环的资金有限。

正是由于商品住宅价格的特殊性，它不再仅仅是一种简单的商品价格，而在某种程度上代表了中国经济未来发展的市场信号；商品住宅价格的高低已经不仅仅表明商品住宅的市场价值，而代表了中国经济发展的信心和健康程度，它的涨跌具有很高的社会关注度和理论关注度。各级政府对于商品住宅价格呈现矛盾的心理：在经济下行阶段，希望通过提高价格使商品住宅业带动相关产业发展，从而保证金融稳定、财政安全；而在经济发展的繁荣期，又希望通过降低价格，平息由于价格过高所导致的社会经济矛盾。因此，政府始终徘徊在"提房价、降房价"的矛盾决策和两难抉择之中。

2.1.4 价格调控：一组广受争议的调控政策

(1) 调控政策

从使用价值看，商品住宅是一种普通的民生商品，但从市场表现看，商品住宅又是一种特殊的商品。随着产业体系的逐步建立与持续升级，商品住宅业对于拉动我国经济发展、推进城市化进程、改善人民生活福祉起到了重要作用，成为国民经济的重要支柱产业。但是 20 多年间商品住宅的需求与价格持续性呈现双增长态势，严重偏离了价值规律。因此，商品住宅市场价格成为 2005 年来我国政府最主要的政策调控对象。2005 年 3 月，《国务院办公厅关于切实稳定住房价格的通知》首次明确提出"采取有效措施抑制房价过快上涨"。由此开始，政府多次出台相关政策（包括：土地政策、金融政策、财政政策，甚至动用了限购等行政规制手段），分别从供给、需求等方面对价格进行调控。

（2）商品住宅价格调控的窘境

总体来看，商品住宅调控政策大多在一定时期内发挥了效用，既促进了商品住宅业的高速发展，进而带动相关产业、维持了整体经济的上升趋势，又使住宅价格涨幅得到一定程度的抑制。但纵观我国商品住宅价格走势，同样可以发现，商品住宅价格调控效果与调控目标不相一致，商品住宅总体价格走势并没有达到预期，商品住宅价格指数从 1998 年一路上扬，进入了越调控越上涨的怪圈。而我国商品住宅市场宏观调控"相机抉择"的特点，在某种意义上更加剧了住宅价格的波动与上涨。

2020 年 7 月 30 日，针对当前形势，中央政治局指出：当前经济形势仍然复杂严峻，我们遇到的很多问题是中长期的，必须从持久战的角度加以认识，加快形成以国内大循环为主体、国内国际双循环相互促进的新发展格局。这样的大背景下，居高不下甚至持续上扬的商品住宅价格使消费者大量的财富都被商品住宅占用，挤占了本可以用于其他领域的消费资金，无法有效启动国内消费，因此，商品住宅价格的调控不再仅仅是一项单纯的价格宏观调控政策，而成为影响中国未来新经济增长模式形成的一个核心要素。

2.2 预期基本理论

2.2.1 预期及其发展路径

"预期"一词来自心理学范畴，它是指决策主体对于未来的预测，并期待未来能够按照自己的预测结果而发生的一种社会心理现象。预期本身既是一种心理现象，也是社会群体趋利性操作的一种心理反应。预期根源于外界信息的改变（例如：经济指标的波动）——当改变之后的信息传导给社会各群体之后，各群体按照自身利益独立做出判断就产生了预期。

在经济学的发展中，预期的理念和机理被逐渐吸纳，经济预期被纳入到经济分析之中。但在传统经济学中，预期并不是一个受重视的概念。早期关于经济预期的研究只是散见于古希腊哲学家的相关思想和理论中。直到19世纪之后，H. Thornton（1802）在关于纸币信用问题的研究中才引入过关于预期的思想。到20世纪60—70年代，在现代经济理论中，预期已经成为连通宏观经济学与微观经济学的重要纽带。现代经济理论增加了"决策主体预期"这样的前瞻性决策要素，构建了经济学与自然科学的核心区别。以萨金特为代表的学者逐步将理性预期融入到宏观经济理论之中，不断突破并更新含有理性预期要素的线性模型与非线性模型求解算法，极大地推动了理性预期在宏观经济模型中的应用。

预期理论主要沿着以下两条路径发展：

（1）由同质预期到异质预期的发展路径

预期既有客观性也有主观性，一方面，预期是基于过去的客观事实产生的，具有客观性；另一方面，这种对未来进行判断的心理现象也是由每个决策主体独立做出的，由于各决策主体在心理、信息、信心、经验等方面存在较大差异，因此预期也各不相同，具有主观性。按照预期是否相同，可以将预期分为同质性预期和异质性预期，学界对同质性预期的研究较早，对异质性预期的研究较晚，预期研究的发展经历了从同质预期到异质预期的演进。其中：同质预期是指在面对相同的信息时，各决策主体所做出的决策和调整相同或大致相同；异质预期是指在面对相同的信息时，各决策主体所做出的决策和调整不同，这种异质性体现在两方面：同一时期不同决策主体预期之间的异质性，同一决策主体在不同时期预期的异质性。在现实经济生活中，异质性预期较为经常发生。例如：在商品住宅市场中，就至少存在两类不同的决策者：一类是着眼于价格短期变动的短期决策者，另一类是侧重于住宅价格长期变动的长期决策者，前者将当前的市场价格发展趋势作为预期未来房价变动的依据，后者以住宅价格的长期走势为决策依据，他们认为：即使房价出现短期偏离，但最终依然要回归其基础价值。这两类主体在面对共同的市场条件时所做出的预期就属于异质性预期。

（2）从理性预期到有限理性预期的发展路径

按照决策过程和结果是否符合客观规律，可将预期分为理性预期和有限理性预期两类，预期理论的发展经历了从理性预期向有限理性预期演进的过程。理性预期是对波动可能的影响及变动趋势的判断较为客观的预期，这种预期是建立在"做出预期的决策者占有的信息充分、具备做出客观判断能力"这一假设基础上；而有限理性预期对未来的判断往往建立在一种盲目的恐慌心理或乐观情绪之上，是一种不客观、不全面的预期，这种预期会导致不理性的行动，但这种预期的前提更加符合实际、更加客观。虽然二者的前提假设和内容不同，但应对机制是相同的，即：无论理性预期还是有限理性预期都出自决策主体自身趋利性的需要。

经过 200 多年的发展，在现代经济学中，预期已经逐渐成为经济理论中基础性和支柱性的概念，在经济领域，增加预期因素后，未来经济走势的影响因素就不仅仅包括当前相关的经济变量，还包括决策主体对未来相关指标的预期情况。

2.2.2 预期的形成机理

根据信号学习（Signal Learning）理论，预期的形成要经过三个重要步骤：信息输入、信息处理和信息输出。首先，经过外部交互过程所产生的信息成为预期形成的输入信号，决策主体通过从环境中学习、从观察中学习和从实践经验中学习等多种渠道，接受这些主要的信息输入来源；其次，在信息输入之后，决策主体要通过自身内部的心理过程来处理这部分输入的信息，建立起认知，同时，产生相应的情感反应；最后，决策主体在此基础上形成对未来市场走势的判断，这就是输出。由于信息输入和信息处理的差异、认知和情感两者的不同作用，预期的结果会存在差异。以经济预期为例，预期的这一基本形成机理如图 2-2 所示。

在图 2-2 中，先验信念是决策主体的存量信息，这部分信息在新信息输入之前就已经存在，是预期形成的重要前提与基础。当决策主体要对未来的趋势做出预判并形成新的预期时，他们通常会根据原有的先验信息来进行判断，这些先验信息往往会发挥先入为主的作用。

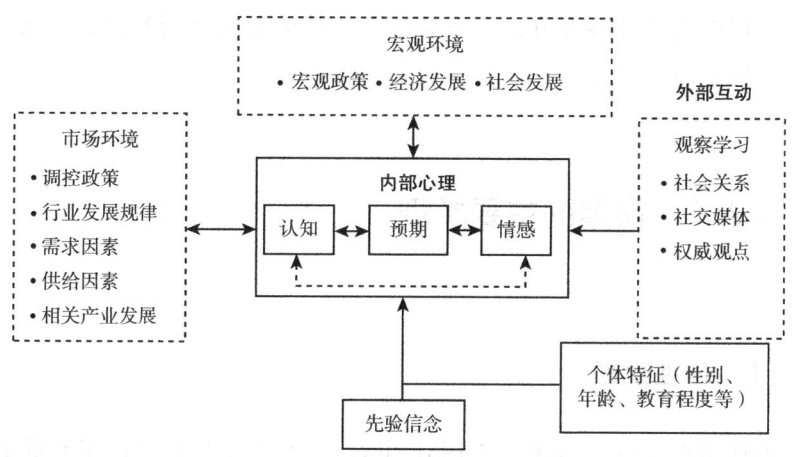

图 2-2　预期形成机理图

外部互动是指决策主体与周围环境和其他参与者之间的互动，通过互动，决策主体可以获得做出判断、形成预期的各种信息和经验。外部互动包括与环境的互动和自主观察学习两种，其中与环境的互动可以分为与宏观环境的互动和与微观市场环境的互动，涉及宏观调控政策、经济社会发展的宏观信息、与市场价格直接相关的商品总体供求信息等；观察学习是指观察他人的决策过程与决策行为来形成自己的判断与预期，而不必凡事都亲身体验，这是一种替代性学习。但不能排除的是，一部分决策主体的这种学习会在从众心理的作用下而产生盲目的羊群效应，导致非理性社会整合（Social Conformity）的发生。

内部心理是决策主体在外部互动的基础上进行信息处理的过程，一般会受到认知与情感两方面的影响。其中：认知是决策主体预期形成的核心要素，通过认知的过程，决策主体能够更加关注与决策对象相关的结构性信息。认知能力的高低决定了决策主体的不同关注点，例如：对于缺乏适当认知能力的决策者而言，他们会更多地关注不太相关和肤浅的信息，而认知能力强的决策者会关注深层次的相关信息；情感是人类内部心理中的非理性部分,一般与决策主体的现实感受有关,决策主体的情感将直接或间接影响认知过程和最终的判断。

2.2.3 预期的主要类型

(1) 理性预期

理性预期理论由 Muth 在 1961 年首次直接提出并进行了系统性阐释。他指出:理性预期是指决策主体预先充分掌握了一切可以利用的信息,具备完全的信息分析能力,能够最有效利用可用信息进行预测,在此基础上形成的预期即为理性预期。在理性预期下,市场一直都会平稳运行,只有当经济运行中出现不可预见的随机性冲击时,市场才会出现真实变量偏离自然值的情况。理性预期特别强调四点:其一,决策主体能够充分利用所有可用信息进行预测;其二,决策主体所应用的是经济体系的内生预测模型;其三,在预期的形成过程中,决策主体能够最优化地加工各种信息;其四,预期结果是按照经济理论严格推导出来的。因此,以市场价格预期为例,理性预期的形式可以写成:

$$P_t^e = E_t(P_t | \Omega_t) \tag{2-1}$$

其中,等号左边的 P_t^e 表示对第 t 期价格的预期值,等号右边的 $E_t(P_t | \Omega_t)$ 表示在第 t 期以及第 t 期之前的所有可用信息集 Ω_t 的前提下,价格 P 的数学期望值。

这个表达式中不包含系统性误差项,也就是说,在理性预期理论中,假定决策者在对变量的未来发展进行预测的过程中不存在系统性误差,而理性预期误差(即预测值)与未来的现实值之间的偏离也是随机的,同时预测的误差序列本身具备期望值为 0、且与序列无关的重要特性。关于这上述几点,可以用以下公式表示:

$$P_t^e = P_t + \varepsilon_t \qquad (2-2)$$

$$E(\varepsilon_t) = 0 \qquad (2-3)$$

$$E(\varepsilon_t, \varepsilon_s) = 0, \forall\, t \neq s \qquad (2-4)$$

总体来看,理性预期是一种均衡的概念,它对于社会实际进行抽象,从而便于模型推演。理性预期理论的提出不但凸显了基础模型在经济理论中的前瞻性意义,也极大地拓展了研究的视角与范围、丰富了经济理论模型的内涵。但也正是由于理性预期本身建立在较为严苛的假设基础之上,而这些假设与实际又不完全相符,同时在预期过程中,还会受到决策主体个人情绪等不完全理性因素的影响,从而造成理性预期会存在推演结果与实际之间的偏差较大,甚至出现理论模型与实证结果、理性预期假设相矛盾的情况。因此,现实中的预期往往并不能形成理性预期。

(2) 有限理性预期

如果仅仅从理论模型的推演方面来看,理性预期应该是完美的。但是由于理性预期要引入理性预测误差项,从而会对计量分析中的序列相关性诊断检验等带来影响,因此,在进行实证分析时,部分学者就引入了有限理性预期理论,从而规避理性预期假设引入预测误差项的干扰。

在这方面,学者们提出了有限理性预期的概念,他们认为:在信息成本不为零的条件下,即使微观个体都形成了完全预测、有效预测的理性预期,但由于决策个体决策空间的有限性,各个理性预期加总以后可能会形成存在持续偏差的短视性完全预测,即:在理性预期个体基础上形成的整个经济群体的预期可能存在持续的预测偏差。这一概念也可以称为准理性预期或半理性预期(Semi-perfect Expectation)。Akerlof 等(2000)放松了理性预期中的部分假设,引入了决策主体的主观预期,并进一步指出:在主观预期的获取途径方面,一般需要通过调查问卷的形式获得,即:主观预期是基于调研数据的预期。他认为,这种预期形式只是比较接近、但又不完全等同于理性预期,甚至会出现在微观个体理性预期基础上加总后却形成了存在偏差的整体预期的现象。李拉亚(2011)等学者讨论了理性疏忽、粘性信息和粘性预期等理论,解释完全理性与现实预期之间的分歧问题,同时为有限理性预期的优化提供路径。

总体来看,有限理性预期包括以下几种类型:

第一,静态预期。Keynes 于 1936 年发表了代表作《就业、利息和货币通论》,他在这本书中提到了经济预期的思想。但是,他并没有直接提出经济预期的概念,而是采用了"动物精神"的表述;同时他也没有详细论述预期的形成机制、预期的具体模型形式及其类型结构,只是通过对"动物精神"这一概念的阐释,刻画了人们对经济走势的判断和期望,形象地描述了预期对市场的作用。Keynes 的研究把预期和不确定性带到经济理论研究和经济分析的核心位置,开创了心理学与经济学交叉研究的先河,激发了后续学者对于该领域的研究热情。随后Hicks(1939)、Tobin(1959)等经济学家对预期问题倾注了极大的关注,逐渐掀起了研究热潮,并形成了基于预期的经济学理论体系。

学者们在这一阶段所研究的预期属于静态预期,这种预期形式假设决策主体对未来的预期完全是在过去信息基础上进行的简单复制,不做任何形式与内容的调整。以商品市场价格为例,静态预期的一般形式可以表示为如下公式:

$$P_t^e = P_{t-1} \tag{2-5}$$

其中,P_t^e 指的是市场主体对第 t 期的预期价格,P_{t-1} 为第 $t-1$ 期(即上一期)的实际市场价格。

从式(2-5)可以看出,静态预期模式下,市场主体完全忽略市场环境中已经出现和可能出现的新变化,以及这些变化可能对未来价格产生的影响,市场主体对下一期价格的预测结果完全取决于上一期的实际价格,这是一种机械式的复制,并没有做任何主动的调整和变动。很显然，静态预期是一种完全向后看的预期，它的优点是简单易算，便于操作。但是也正是因为这种简单，导致它完全依附于过去的市场走势，而忽视各种可能，对未来的指导意义不大。这种预期理论把预期作为经济系统中的完全外生变量，因此，预期在经济分析中仍是一种不可运用和操作的概念。

第二，外推型预期。外推型预期最早由 Metzler（1941）提出，也叫推断型预期。外推型预期修正了静态预期只能对上期价格进行简单复制的问题，在对未来价格走势进行判断和预测的过程中，引入了经济变量原有变动趋势这一要素。基于经济变量在过去一段时间内的变动方向和变动幅度，对价格的未来走势进行预测。一旦经济变量的变动趋势发生改变，预期也会相应发生改变。以商品的市场价格为例，外推型预期一般形式为：

$$P_t^e = P_{t-1} + \lambda \times e \qquad (2-6)$$

其中，P_t^e 表示第 t 期的价格预期值，P_{t-1} 表示第 t－1 期的实际价格。λ 为调整系数，表示预期价格与上一期价格相比变动的方向和幅度，当 $\lambda > 0$ 时，意味着下一期价格变动的方向将延续截至本期之前价格变动的方向；当 $\lambda < 0$ 时，则表示下一期价格的变动方向将发生逆转。e 表示 t－1 期的价格现实值与 t－2 期的价格现实值之间的差异。即

$$e = P_{t-1} - P_{t-2} \qquad (2-7)$$

P_{t-1} 表示 t－1 期的实际价格，P_{t-2} 表示第 t－2 期的实际价格，将上述两个公式整理得：

$$P_t^e = P_{t-1} + \lambda \times e = P_{t-1} + \lambda \times (P_{t-1} - P_{t-2}) \qquad (2-8)$$

公式表明，对下期市场价格的预期 P_t^e 是建立在上期的实际价格 P_{t-1} 基础之上的，同时再考虑上期价格相对于之前一期价格的变化幅度（$P_{t-1} - P_{t-2}$），以及这种变化的发展趋势 λ。当然，当发展趋势 $\lambda = 0$ 时，外推型预期就变成了静态预期，因此，可以说静态预期是一种特殊的外推型预期。

第三，适应性预期。20世纪50年代，出现了适应性（Adaptive）预期理论。这一理论最早由 P. Cagan（1956）提出，之后在 B. Solow（1965）、M. Friedman（1968）等人的逐步推进下得到了大幅度的发展。目前，已经形成了预期理论中的一个重要类型。

适应性预期理论是建立在以下假设基础之上的：首先，假设在机制设定中没有充分利用可用信息；其次，假定预测主体在预测时会犯系统性错误；最后，假定预测主体具备较强的调整思维能力，能够通过反复检验和修订的方式逐步调整预期。在这些假设基础上，决策主体运用某经济变量的过去记录去预测未来，通过对比市场真实价格和原来预期价格，计算并修正二者之间的差距，通过对差距及其形成原因的分析优化预期方法和预期结果，逐渐缩小以后各期预期价格与市场真实价格之间的差距。具体来讲，就是决策主体对自己过去所做出的预期值与现实值之间的偏差进行评价，根据这一偏差来调整、修正对下期的预期，以逐步缩小新预期值与现实值之间的差距。以商品市场价格为例，适应性预期就是指第 t 期的价格预期值由两部分构成：其一，第 t-1 期的价格预期值；其二，第 t-1 期的真实价格与对 t-1 期的预期价格之间（包括预期滞后项和误差值）的差异。其基本公式为：

$$P_t^e = P_{t-1}^e + \lambda \times e \qquad (2-9)$$

其中，P_t^e 表示对第 t 期的价格预期值，P_{t-1}^e 表示对第 t-1 期的价格预期值。λ 是系数（$0 < \lambda < 1$），进行乐观的预期时，λ 值偏大；进行悲观的预期时，λ 值偏小。e 表示第 t-1 期的真实价格与预期价格之间的差异，即

$$e = P_{t-1} - P_{t-1}^e \qquad (2-10)$$

将上述两个公式整理得：

$$P_t^e = P_{t-1}^e + \lambda \times e = P_{t-1}^e + \lambda \times (P_{t-1} - P_{t-1}^e) \qquad (2-11)$$

进一步整理得：

$$P_t^e - (1 - \lambda) P_{t-1}^e = \lambda P_{t-1} \qquad (2-12)$$

在此基础上，引入滞后算子 L，可以将式（2-12）变为：

$$[1-(1-\lambda)L]P_t^e = \lambda P_{t-1} \qquad (2-13)$$

在满足不等式 $|1-\lambda|<1$ 的情况下，在式（2-13）左右两边同乘以 $\dfrac{1}{1-(1-\lambda)L}$，可以得到：

$$P_t^e = \frac{\lambda P_{t-1}}{1-(1-\lambda)L} \qquad (2-14)$$

假设：

$$\phi(L) = \phi_0 + \phi_1 L_1 + \phi_2 L_2 + \cdots = \lambda[1-(1-\lambda)L]-1$$

则有：

$$P_t^e = \phi(L)P_{t-1} \qquad (2-15)$$

适应性预期的主要特点是要在过去预期的基础上做出一系列的跟进调整。这种预期能够保持逐期向好的发展趋势，根本原因就在于它本身的逐步学习和连续纠错机制。它采取"错了再试"的方式，使预期逐渐符合客观的过程，导致预期具备了对真实市场价格走势的适应性，同时给予预测主体足够的自我纠错空间，突出了理论的经济涵义和结构性特征，这一优势保证了适应性预期理论和思想在经济学理论的后续发展中得到广泛应用。

但是适应性预期也存在比较突出的问题：首先，以分布滞后模型为代表的适应性预期模型的预测过程过于简单，仅凭历史数据对未来进行线性预测；其次，最优的可用信息集并没有在适应性预期中得到应用；最后，预期过程中考虑了系统性误差的影响。在这种情况下，虽然适应性预期具备及时纠错、自我调整的能力，但是无法将市场中当期出现的新情况和新变化同步融入到预期之中。因此，在市场的固有发展趋势出现重大变化或转折的情况下，适应性预期的结果就会产生重大偏差。

第四，一般有限理性预期。一般有限理性预期是内涵更加丰富、应用更加广泛的预期模式。在这种模式下，未来价格的变动体现两种效应：其一，正反馈效应。由于价格预期具有外推的能力，因而在对未来价格进行预期时，历史价格信息（尤其是近期的价格信息）会发挥重大作用，此时预期价格对历史价格表现出正反馈效应；其二，负反馈效应。由于市场供求和供求规律的影响，市场价格不可能总是无限制地向着一个方向偏离，当市场价格的偏离量达到或超出人们的心理极限时，就会呈现出负反馈效应。这两种效应可以用下面的公式表示：

$$P_t^e - P_{t-1} = \sum_{i=1}^{t-1} \alpha_i (P_i - P_{i-1}) P_1 - \sum_{i=1}^{t-1} \beta_i (P_i - P_0) \qquad (2-16)$$

其中，$\alpha_i > \alpha_{i-1}, \beta_i > \beta_{i-1}, \alpha_i > \beta_i > 0$

公式中，α_i 表示在惯性的作用下前期价格对下期预期价格的影响程度，当 $\alpha_i > 0$ 时，表示存在正向影响，反之存在负向影响；β_i 表示下期预期价格对历史价格的偏离程度，$\beta_i > 0$ 表示存在正向发展，没有方向偏离，反之存在负向偏离。$\alpha_i > \alpha_{i-1}$ 与 $\beta_i > \beta_{i-1}$ 表示越是近期的价格信息就越能影响决策主体对于未来价格的判断，占比就越大。而 $\alpha_i > \beta_i$ 说明，一般情况下在一般有限理性预期中，历史价格信息的正反馈效应占据主导，价格的发展趋势有被保持的倾向；但当 $\beta_i(P_i - P_0)$ 达到一定数值之后，历史价格又会对预期价格产生负向影响，预期价格的发展趋势会发生反转。

从式（2-16）可知，一般有限理性预期有两个典型特征：一方面，它重视历史信息在预期形成中的作用，因而是比较理性的；另一方面，它仅分析历史信息，并不对新信息的作用加以考虑，因而其理性又是有限的。

以上非理性预期的类型中，外推型预期和适应性预期较为成熟，应用也比较多。

2.2.4 预期影响市场运行的机理

预期的作用机理是市场主体基于对未来经济变量的预测，直接做出的判断和决策，从而调整当期的消费和投资等经济行为，进而对当前宏观经济运行产生影响。预期影响市场运行的总体过程如图2-3所示。

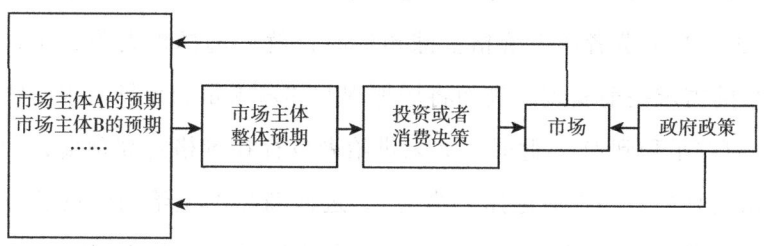

图2-3 预期影响市场运行机理图

从图2-3中可以看出，在市场中，供求双方在效用最大化的驱使下，都会对市场和商品价格形成预期。这些个体预期有时是存在差异的异质性预期，有时是一致或大致相同的同质性预期。但无论如何，个体预期经过博弈都会形成一个市场整体预期，这个整体预期会直接对市场产生影响；而政府的政策与市场的表现又会反作用于个体预期，彼此之间形成作用与反作用的循环。

同时，在市场中，无论是供给者还是需求者，都面临着政府的调控，而每次政府调控的政策除了直接影响市场的供求之外，还会对市场主体的预期产生影响，例如：当政府进行政策收紧时，无论市场上供给者还是需求者都会调低自己的预期；当政府进行政策放松时，供给者和需求者都会调高自己的预期，而预期又会作用于市场。这样，在预期、政策、市场之间就会形成两两之间的多重作用关系。

当市场出现价格上涨预期时，预期对价格的影响如图2-4所示。

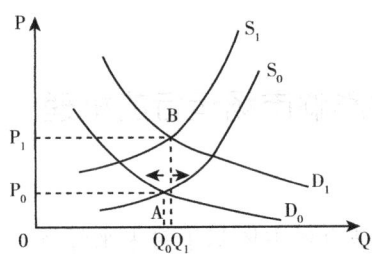

图 2-4　价格上涨预期对价格的影响图

假设市场初始平衡点为 A，此时对应的市场均衡价格和销量分别为 P_0 和 Q_0。当消费者产生价格上涨预期时，就会选择扩大购买量，从而将未来的需求提前实现，进而将增加现时的需求量，市场需求曲线也会从 D_0 向右平移到 D_1。此时，如果供给者也存在价格走高预期，为将商品卖出更高的价格，会选择"惜售"，进而商品的供给曲线的位置将由 S_0 向左平移到新位置 S_1。在市场供需主体均对商品价格持有上涨预期的情况下，新的需求曲线 D_1 和新的供给曲线 S_1 将会在 B（P_1，Q_1）点相交，B 点成为新的市场均衡点，此时市场价格上涨了 P_1-P_0，销量上涨了 Q_1-Q_0。

当市场出现价格下跌预期时，预期对价格的影响如图 2-5 所示。

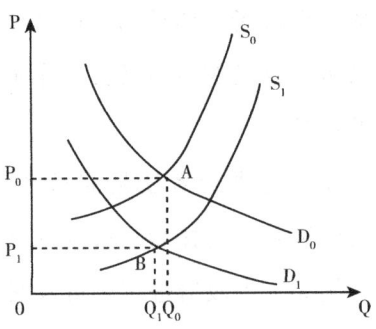

图 2-5　价格下跌预期对价格的影响图

在图 2-5 中市场原有的供给和需求曲线分别是 S_0 和 D_0，平衡点是 A 点，对应的平衡价格与平衡销量分别为 P_0 和 Q_0。当消费者产生商品价格下跌预期时，则会选择放弃购买或者延期购买，以能够在未来商品价格下跌到更好的价位时再进行购买，这导致消费者对商品的需求下降，需求曲线从 D_0 向左平移到 D_1。此时，如果供给者也存在商品价格走弱的预期，就会选择在价格还处于相对高位时加速销售，以达到资金回笼的目的，导致供给曲线从 S_0 向右平移到 S_1，此时商品市场达到新的均衡水平，价格也从 P_0 下降到 P_1。

综合以上两种情况，当市场主体对一种情况做出肯定预期之后，这种肯定的预期便会给市场主体以强烈的心理暗示，使市场主体的想法、行为都朝着有助于该预期实现的方向发展，最终将导致该预期的实现。因此，无论是供求双方一致的上涨预期还是一致的下跌预期都能够导致市场均衡价格的变动，而且均衡价格的变动方向和市场主体对价格预期的方向是一致，即：当供求双方产生一致性上涨预期时，商品价格就会上涨；反之，当供求双方产生一致性下跌预期时，商品价格就会下跌。这种现象与 Azariadis（1981）提出的"预期具有自我实现效应"的理论相吻合。

2.3 商品住宅价格预期调控的路径与机制理论

当政府将要出台或者已经出台新的调控政策，商品住宅市场参与者就会搜集相关的市场信息并进行分析，在此基础上调整自己的预期，做出市场决策，形成市场价格。具体来说，商品住宅企业会更加关注土地、融资等开发政策，分析政策对要素成本的影响，调整预期；而消费者会更加关注税收、按揭贷款利率等政策，调整预期。如此一来，市场中供求双方的预期就随着政府调控政策的改变而调整，进而影响其决策行为，在预期调整的基础上经过双方博弈，最终形成市场价格。

政府在商品住宅领域进行预期管理的典型路径包括信贷政策、土地政策和税收政策这三条。为说明这一问题，本书引入商品住宅四象限模型，四个象限具体如下：

第一象限代表商品住宅的使用市场，描述住宅存量和住宅租金之间的关系，租金 R 与住宅存量 S 的关系是 S = D(R，经济状况)，体现为一条向右下方倾斜的曲线；

第二象限代表资本市场，描述住宅价格与租金水平的关系，住宅价格 P 与租金 I 和利率 i 的关系是 P = I/i，P 与 I 二者正相关，呈现为一条向左上方倾斜的曲线；

第三象限代表商品住宅的新开发建设市场，描述住宅价格与新开发面积的关系，住宅价格 P 与新开发建设量 C 的关系是 P = f(C)，二者负相关，呈现为一条向左下方倾斜的曲线；

第四象限代表商品住宅使用市场，表示住宅存量与新开发建设量之间的关系，住宅存量 S 与新开发建设量 C 的关系是 S = C/δ 且 ΔS = C − δS，二者呈正相关，呈现为一条向右下方倾斜的曲线。

应用商品住宅四象限模型可以对商品住宅价格预期调控的路径与机制进行如下描述：

2.3.1 信贷政策路径与机制

当政府调整信贷政策时，商品住宅开发企业和消费者从银行处能够获取的资金量就会发生变化，企业开发成本中的资金成本和消费者的融资成本也会相应改变，开发企业和消费者对市场的预期也会发生变化。信贷政策对商品住宅开发企业和消费者的影响如下：

（1）信贷政策对商品住宅开发企业的影响

根据四象限模型，当政府紧缩银根时，商品住宅开发企业的资金预期成本将提高，他们对市场发展会产生悲观的预期，在这种预期作用下，为保持合理的利润，开发企业将提高住宅销售价格，而同时开发面积将下降，第三象限的开发成本曲线会向左边移动；新开发建设量下降将导致住宅存量下降，第四象限的平衡点将下移；在住宅存量下降时，市场上住宅的租金水平将上升，第一象限中的平衡点将向左上方移动，最终，租金和价格将在第二象限中更高的水平上实现均衡。最终，市场在图中虚框位置处重新达到平衡。具体过程如图 2-6 所示。

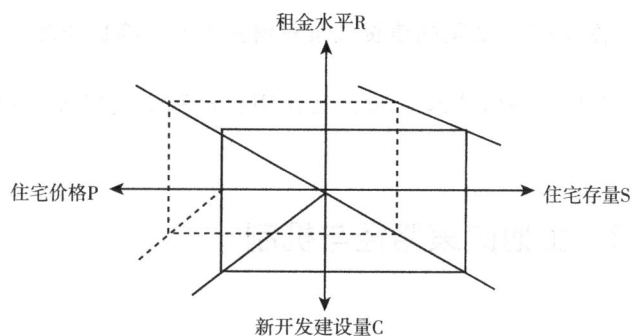

图 2-6　从紧的信贷政策对开发企业的影响机理图

政府实施宽松的信贷政策时，其作用机理和上述机理正好相反。

（2）信贷政策对消费者的影响

仍然以政府紧缩银根为例，当政府提高信贷门槛时，消费者购房的预期金融成本将会提高，这就意味着消费者持有住宅出租的机会成本提高，消费者出租住宅的预期租金也会提高，此时，第二象限中的资本化率曲线将会顺时针转动；当住宅价格产生下跌预期以后，商品住宅新开发建设量将下降，第三象限中的平衡点将下移；新开发商品住宅建设量下降以后，将导致住宅存量下降，第四象限的平衡点将下移；住宅存量下降将导致住宅租金水平的提高，从而第一象限中平衡点将向左上方移动。市场将在图2-7虚框位置重新达到平衡。

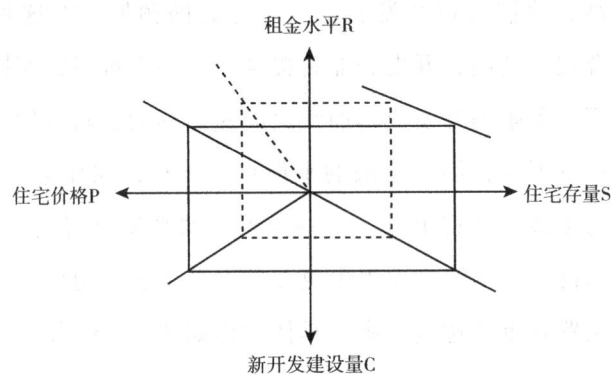

图2-7 从紧的信贷政策对消费者的影响机理图

政府实施宽松的信贷政策时，其作用机理和上述机理正相反。

2.3.2 土地政策路径与机制

土地政策的调整将主要影响开发企业的预期，比如：国土资源部要求经营性土地使用权必须采用"招拍挂"的形式出让，这一举措虽然规范了土地市场，但实际上也是一种收紧地根、提高拿地门槛的土地政策，降低了商品住宅开发企业的开发能力，导致悲观预期的产生，这将致使第三象限的开发成本曲线向左上方移动，住宅价格上升，而新开发建设量下降；随着新开发建设量的下降，市场上的存量住宅也将下降，第四象限的平衡点将下移；在住宅存量下降的情况下，租金水平会上升，第一象限的平衡点将向左上方移动；在住宅价格水平和租金水平都上升的情况下，二者将在更高的水平上实现均衡，第二象限的平衡点向左上方移动。市场将在图2-8虚框位置达到新的平衡。

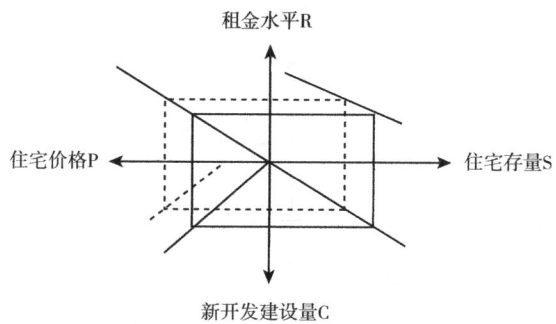

图 2-8 从紧的土地政策对开发企业的影响机理图

政府实施宽松的土地政策时,其作用机理和上述机理相反。

2.3.3 税收政策路径与机制

税收政策包括针对开发企业的税收政策和针对消费者的税收政策。

(1) 税收政策对开发商的影响

以宽松的税收政策为例,当政府出台税收优惠政策后,商品住宅开发企业会产生开发成本降低的乐观预期,在保持稳定利润的前提下,新开发建设量会提高,住宅的销售价格会降低,第三象限的曲线会下移;在新开发建设量提高的情况下,住宅存量提高,第四象限的平衡点会下移;在住宅存量提高的情况下,市场租金水平将下降,导致第一象限的平衡点向右下方移动;租金水平和住宅价格的下降导致二者在第二象限重新平衡,但平衡点将下移。市场在图 2-9 虚框位置重新达到平衡。

政府实施紧缩的税收政策时,其作用机理和上述机理相反。

(2) 税收政策对消费者的影响

当政府出台优惠的税收政策之后,消费者会产生购房成本降低的乐观预期,从而降低持有住宅的金融成本,租金水平下降,住宅价格上

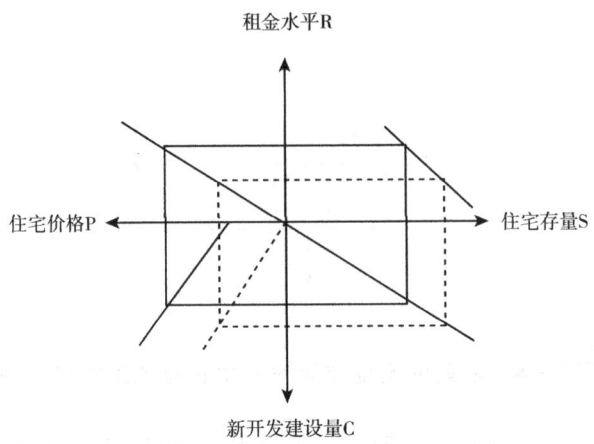

图 2 - 9　税收优惠政策对开发企业的影响机理图

升,导致第二象限的曲线逆时针旋转;在住宅价格上升之后,新开发建设量也会上升,第三象限的平衡点将沿着曲线下移;新开发建设量上升导致住宅存量上升,第四象限的平衡点将沿曲线向右下方移动;在住宅存量提高以后,市场的租金水平将下降,第一象限的平衡点将沿着曲线向右下方移动;在租金水平下降,住宅价格上升的条件下,二者在第二象限重新平衡。市场在图 2 - 10 虚框位置达到新的平衡。

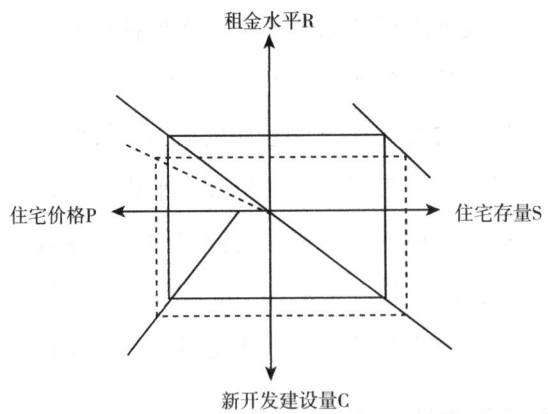

图 2 - 10　税收优惠政策对消费者影响机理图

政府实施紧缩的税收政策时,其作用机理和上述机理相反。

2.4 本章小结

本章对商品住宅这一特殊商品进行了界定，对商品住宅业这一市场关联度极高的行业进行了阐释，对商品住宅价格的具体组成进行了分析，对我国商品住宅价格调控的窘境进行了梳理，明确了相关概念的理论内涵与空间外延，为下文的研究做了必要的铺垫与限定。同时，引入了预期基本理论，厘清了预期理论的发展脉络，分析了预期的形成机理以及预期对市场运行的影响机理。在此基础上，将商品住宅相关概念与预期理论相结合，阐释了商品住宅价格预期调控的信贷政策路径、土地政策路径和税收政策路径，分析了不同政策对商品住宅预期的影响机制，为后文的分析与论述奠定了理论基础。

第 3 章

我国商品住宅价格调控政策的演进分析

第 3 章

光伏特性与光电器件
性能的表征

从住宅商品化改革以来,我国商品住宅市场历经了 20 多年的改革与调控,但调控的现实结果与实现价格理性回归的调控目标之间仍相去甚远,因此,梳理商品住宅价格宏观调控的政策手段及其变迁,总结其中存在的问题,是下一阶段价格调控的基本前提和必要基础。

3.1 调控政策演进

如前所述,商品住宅是我国市场中的一类特殊商品,从 1998 年住宅市场化改革以来,商品住宅市场发展经历了如下七个阶段:1998—2003 年商品住宅市场的形成期、2004—2007 年商品住宅市场的蓬勃发展期、2008—2009 年商品住宅市场的低迷期、2010—2013 年商品住宅市场的高速发展期、2014—2016 年商品住宅市场的差异发展期、2017—2019 年商品住宅市场的理性回归期、2020 年至今新冠肺炎疫情下的困难期等。在这 20 多年的时间中,商品住宅的价格虽几经涨落,但总体上仍然呈现突飞猛进的增长态势。为了达到稳定宏观经济、平稳商品住宅价格、发展商品住宅行业的目的,我国政府对于商品住宅的市场价格进行了多次调控。与商品住宅发展的周期相对应,这一调控过程大致也可以分为以下七个松紧相间的阶段:1998—2003 年的政策宽松期、2004—2008 年的政策收紧期、2008—2009 年的政策宽松期、2010—2013 年的政策收紧期、2014—2016 年的政策宽松期、2017—2019 年的政策收紧期、2020 年至今的政策宽松期等七个政策周期。基本情况如表 3-1 所示。

表 3-1   商品住宅调控政策类型及目标表

日期	市场阶段	政策目标	调控类型
1998—2003 年	市场形成期	扩大内需，提振经济	扩张性宏观调控
2004—2007 年	蓬勃发展期	抑制商品住宅开发过快过热	紧缩性宏观调控
2008—2009 年	市场低迷期	刺激经济恢复	扩张性宏观调控
2010—2013 年	高速发展期	抑制价格投资投机需求	紧缩性宏观调控
2014—2016 年	差异发展期	化解商品住宅库存	扩张性宏观调控
2017—2019 年	理性回归期	挤出价格泡沫	紧缩性宏观调控
2020 年至今	疫情影响期	企业纾困	扩张性宏观调控

3.1.1　以扩大内需为目的的调控阶段（1998—2003 年）

1998 年之前，中央政府通过接连颁布文件对住宅体制改革进行规范，但这些文件都没有涉及改革的具体措施。正式以扩大内需为目的的调控阶段始于 1998 年，这一年我国受到了亚洲金融危机的影响，出口受到很大的限制。为了保持经济持续增长，中央政府不得不将原来长期坚持的刺激出口政策转向为刺激国内需求的政策，提出了扩大内需的战略部署。为了有效扩大内需，国务院颁布了《关于进一步深化城镇住房制度改革 加快住房建设的通知》（国发〔1998〕23 号），废除了坚持几十年的住房福利分配制度，明确提出"通过刺激住房消费需求，促使住宅业成为新的经济增长点"的改革目标，商品住宅行业被确定为国民经济的支柱产业和国家重点支持的行业。这标志着我国城镇住宅商品化制度开始建立，商品住宅市场化改革正式启动。

为了快速推进住宅改革，政府相继出台一系列积极的配套政策，初步搭建了我国商品住宅调控政策框架体系。

(1) 住宅管理政策

我国当时住宅管理政策主要包括：第一，住宅供应政策。按照家庭间不同的收入状况，实行差异化的住宅供应政策。其中：对于住宅有困难的最低收入家庭，政府为其提供可租赁的廉租住宅；对于经济条件一般的中低收入家庭，政府为其提供可购买的经济适用住宅；对于经济条件较好的高收入家庭，政府为其提供可以按照市价购买的商品住宅。在这些供应政策中，以经济适用住宅供应政策体系的建立和完善最为重要。第二，住宅分配政策。从1998年下半年开始，住宅分配政策由实物分配形式逐步转变为货币化分配形式。原来的"政府建设、政府分配"的模式不再适用，转而实行"政府负责分配资金，市场负责住宅建造和供应"的模式。

(2) 土地政策

在土地政策方面，构建了市场化的土地出让制度、土地流转制度、土地使用制度。经营性用地的出让方式正式由协议出让转变为招标、拍卖和挂牌方式（简称"招拍挂"方式）。

(3) 财税政策

我国当时住宅行业的财税政策主要指税收减免政策。免税政策包括：第一，从2001年1月1日起，按照政府定价出租的住宅，对其租金暂免征收房产税和营业税；第二，对于在1998年6月30日以前已经建成但尚未售出的商品住宅、商业用房和写字楼，在2002年12月31日之前售出的，对销售企业免征营业税、对购买方免征契税。减税政策包括：对个人按市场价格出租的居民住宅，租金收入减征营业税、房产税和个人所得税，其中营业税税率由5%降为3%，降幅为40%；房产税税率由12%降为4%，降幅为66%；个人所得税税率由20%降为10%，降幅为50%。

(4) 金融政策

金融政策主要包括：第一，推行住宅信贷和住宅公积金制度。1999年引入住宅信贷消费政策，使购买者在只需支付首付款的情况下就能够满足购买需求，余款采取分期按揭的方式偿还。全面推行强制储蓄式的住房公积金制度，提高职工未来的购买能力。第二，下调银行贷款利率。2002年2月，中国人民银行下调商品住宅贷款利率，其中5年期以上的公积金贷款利率由4.59%下调至4.05%，5年期以上的住宅商业贷款利率由5.58%下调至5.04%，两种贷款的贷款利率均下调0.54个百分点，有效降低了购买者的还款压力，提高了购买的积极性。

总体来看，1998年的房改政策、1999年的住宅贷款政策、2001年的商品住宅税费改革政策和2002年的土地招拍挂政策等有效拉动了商品住宅的市场需求。在这些政策的综合作用下，我国商品住宅市场平稳启动，表现在投资规模、新开工面积、销售面积、市场价格等指标均实现了不同程度的增长，其中商品住宅开发投资规模年均复合增长率为24.5%。1998—2002年，商品住宅新开工面积从1998年的20387万平方米增长到2002年的42800万平方米，年均复合增长25%；全国商品住宅销售面积由1998年的12185万平方米增长到2002年的26808万平方米，实现年均复合增长率23.1%；同时，商品住宅的价格实现了平稳增长，更加难能可贵的是，价格年均涨幅一直不到5%，低于同期居民收入的涨幅。此外，由于这个阶段商品住宅的发展带动了相关的重化工业，商品住宅行业对经济增长的重要拉动作用也逐步显现，商品住宅业对中国经济增长的贡献率维持在15%左右，年均拉动GDP 1.2个百分点。

但是这一时期市场住宅供应结构不合理的问题已经初步显现，以招标、投标、挂牌拍卖等为主的土地出让模式也暗藏着后续的住宅价格高企问题。

3.1.2 以抑制商品住宅开发过热为目的的调控阶段（2004—2007 年）

2003—2007 年我国经济增长速度加快，扣除物价上涨因素后的 GDP 年增速从 2003 年的 10% 提高到 2007 年的 14.2%；同时，在国际收支贸易项下和资本项下大幅度双顺差的背景下，经常账户占 GDP 的比重也由 2003 年的 2.59% 提升至 2007 年的 9.94%，导致经济流动性持续过剩，经济面临着过热的风险。

2003 年，中央政府将商品住宅业确立为支柱产业。在商品住宅成为我国新的经济增长点的背景下，商品住宅呈现快速发展的态势，出现投资与需求双过热的现象。商品住宅业的超常发展体现在以下两个方面：一方面，商品住宅投资额大幅增长。2003 年全国商品住宅开发投资额首次突破 1 万亿元，同比增长 29.7%，2004 年，全国商品住宅投资增长率超过 30%，远高于同期 GDP 的增长速度。另一方面，商品住宅价格持续提高。这段时期，商品住宅市场快速发展，商品住宅价格（以商品房销售额/销售面积计算）经历了两轮大幅上涨。2003—2005 年商品住宅价格增速由 3.82% 上涨到 16.75%，其中 2004 年全国商品住宅销售均价增长率更是超过 17%，2006—2007 年增速由 6.2% 直接上涨到 14.77%。部分地区的商品住宅价格的增长幅度已远远超过地方 GDP 和当地居民收入的增长幅度。

为遏制商品住宅价格的过快上涨，2003 年国家对商品住宅的政策进行了调整，同年 8 月，国务院发布《关于促进房地产市场持续健康发展的通知》（国发〔2003〕18 号）（简称"18 号文"），文件将商品住宅业确定为国民经济的支柱产业，并提出促进商品住宅市场持续健康发展的目标，由此开启了新一轮商品住宅紧缩调控的序幕。2006 年 5 月，国务院常务会议发布了《关于调整住房供应结构 稳定住房价格的意见》（国办发〔2006〕37号）（简称"国六条"），使本轮商品住宅调控政策的力度达到了顶峰。2007年8月，全国住房工作会议召开，发布了《国务院关于解决城市低收入家庭住房困难的若干意见》（国发〔2007〕24号），文件提出要加快廉租房建立，通过多渠道解决城市低收入家庭的住房困难问题。这段时期的具体调控政策包括：

（1）住宅管理政策

国家对商品住宅管理政策的调整体现在三个方面：第一，将市场化确定为我国商品住宅改革的方向，并长期坚定发展。第二，重视商品住宅二级市场的发展，例如"18号文"提出鼓励居民通过以"卖旧换新"的方式换购住宅，这使得商品住宅的市场需求大大增加。第三，调整商品住宅供应结构，要求加大中低价位住宅和中小户型住宅的市场供应，并要求各地方政府加快经济适用房和廉租房建设的进度。

（2）土地政策

国家实施了以"管严土地"为主的宏观调控措施，强化土地管理部门对土地的管理，执行全面、严格的土地招拍挂制度；明确规定在2004年8月31日以后，建设用地全部纳入市场化的"招拍挂"出让体系，即使对于历史遗留的经营性土地使用权，也不得再采用协议方式出让；同时，严格土地管理，从严控制高档商品住宅的土地供应，包括停止别墅类用地的土地供应，从严控制农用地转为建设用地的总量和速度。

（3）住宅供应政策

住宅供应政策的调整主要表现为：一方面，从严控制商品住宅的开发规模。提高除经济适用房以外的商品住宅开发项目的自有资本金比例，具体要求由 20% 提高到 35%，增加了 15 个百分点；控制城市老旧住宅的拆迁规模，要求 2004 年全年的拆迁总量要在 2003 年的规模上有明显下降。另一方面，调整住宅市场的供应结构。国家明确要求建筑面积在 90 平方米及以下的住宅开发量须达到开发建筑总面积的 70%，增加中小面积户型住宅的市场供应；进一步加大廉租房的市场供应，解决低收入家庭住房难问题。

（4）金融政策

国家在调控过程中运用的金融政策包括：其一，取消部分优惠政策。对购买第二套（含第二套）以上商品住宅、高档商品住宅或别墅的借款人，同时不再执行优惠的贷款利率政策；同时，中国人民银行首次将存贷款基准利率上调 0.25 个百分点。其二，提高贷款首付比例。从 2007 年 9 月 27 日开始，居民购买家庭第二套住宅的首付款比例不得低于总价款的 40%，利率不得低于基准利率的 110%。其三，上调金融机构的存款准备金率和基准利率。

（5）税收政策

从 2005 年 6 月 1 日起，对于消费者对外销售个人购入时间（以《房屋所有权证书》标注的时间为起始点）不足 2 年的商品住宅的行为，将按照 5% 的税率对售价全额计征营业税；从 2006 年 6 月 1 日起，国家税务总局又将营业税的免征期限由 2 年提高到 5 年。

上述调控措施显示，政府对商品住宅进行调控的政策多样，调控频率和调控幅度超过了之前的任何一个时期，调控力度超过了同期任何一个行业。从总体效果来看，这段时期对商品住宅行业的调控产生了明显效果，直接导致商品住宅新开工面积的增长率由 2003 年的 27.82% 下降到 2004 年的 10.43%，下降了 17.39 个百分点，降幅达 62.5%；同时，以城镇商品住宅投资占全社会固定资产的比重为观察视角，投资和市场供给也出现大幅度下降。但是，在宏观经济持续过热和城镇化战略不断推进的大背景下，货币市场的总体流动性依然过剩，商品住宅的市场需求迅速扩大，行业内的投机行为大量出现，并呈现上涨态势。商品住宅价格上涨的势头并未得到控制，反而加速上升，例如：2003年全国新建商品住宅的市场价格较上年上涨了4.84%，2004年上涨了17.76%，都远远超过同期城镇居民人均收入的增长率。

3.1.3 以刺激经济恢复为目的的调控阶段（2008—2009年）

2008年美国发生次贷危机并迅速向全球蔓延，最终升级为一场国际金融危机和世界经济危机，导致全球经济衰退。由于我国外向型的经济发展模式，中国经济在这场危机中也受到了较大冲击，GDP同比增速由2007年的14.2%大幅下降至2009年的9.4%，"保8"成了我国宏观经济的重要目标。同时，这场危机还影响了投资者的信心，导致国际资本大量撤离，我国2009年当年实际利用外资增速为-3.6%。为了扩大内需，2008年11月5日，国务院常务会议推出了"四万亿投资计划"，决定在2009—2010年的两年内累计投资四万亿元以刺激国内经济，为配合这一投资计划，在财政政策方面又一次将已经淡出的积极财政政策推出，并辅之以适度宽松的货币政策。

在危机的冲击下，商品住宅市场景气度也迅速转弱。在价格增长速度方面，70个大中城市新建商品住宅价格指数的增长速度大幅回落，由2007年的11.4%下降至2008年的-0.8%；在商品住宅的销售量方面，2008年商品住宅的销售面积较2007年大幅下降约56%，大部分地区出现了"价跌量减"的现象。因此，2008年6月以后为稳定国内经济增长，各级政府调整了上一个周期以来对商品住宅行业的打压政策，转向刺激商品住宅消费，采取多种救市政策，挽救市场颓势。希望通过刺激商品住宅行业的发展来带动经济增长。这段时期的主要调控政策表现如下：

（1）住宅管理政策

2008年11月，国务院再次强调商品住宅作为"重要支柱产业"的突出地位，将商品住宅作为应对次贷危机、扩大内需的重要工具。

（2）住宅供应政策

国家提出促进保障房建设，扩大保障性安居工程的建设规模，提高城市棚户区改造速度，提升对廉租住房建设的支持力度，进一步深入实施游牧民定居工程，深化农村危房改造试点改革。强调以实物住宅与租赁补贴等多种形式相结合的方式解决城市低收入者住房难的问题。

（3）金融政策

国家加大对包括自住型和改善型住宅需求在内的刚性住宅需求的信贷支持力度。针对商品住宅购买者，将贷款首付款比例降低到总价款的20%、贷款利率实行七折优惠；针对商品住宅开发企业，将项目的最低资本金比例下调到30%；取消对商业银行信贷规模的限制措施，下调法定存款准备金率至15.5%，直接扩大银行的信贷规模、提升信贷能力。

（4）税收政策

在契税方面，对于职工首次购买建筑面积在90平方米以下（含90平方米）普通住宅的行为，其所适用契税的税率下调至1%；在营业税方面，针对购入期在2年以上的普通商品住宅给予优惠，个人在销售这类住宅时，免征营业税；同时，免征商品住宅交易环节的印花税和土地增值税。

在空前宽松货币政策的刺激下、在各地政府救市政策的大力支持下，大量资金流向商品住宅行业，商品住宅市场迅速企稳并反弹，呈现量价齐升态势。其中商品住宅销售面积的增长速度由2008年的-14.8%的负增长大幅上升至2009年的43.6%，实现正增长，二手商品住宅的交易量突破了前三年的总和；各地商品住宅价格暴涨，纷纷创出历史新高，全国商品住宅价格的年均增长率达到23.3%，大大超过同期城镇居民人均可支配收入的增长速度。同时，2009年70个大中城市新建住宅价格指数同比增速达到9.1%，上涨了9.9个百分点。高价格导致居民杠杆显著攀升，由2008年的17.9%攀升至2010年的27.2%。在商品住宅行业的空前发展和带动下，我国2008—2010年GDP增长率分别为9.6%、9.2%和10.6%。可以说，以商品住宅业的发展达到保增长的政策目标全面实现。

3.1.4 以抑制投资（机）需求为目的的调控阶段（2010—2013年）

2009年中国经济率先从次贷危机所导致的金融危机中复苏，但以"四万亿投资计划"为代表的前期经济刺激计划却带动商品住宅市场明显扩张并走向过热，直接引起通货膨胀水平的持续上升，商品住宅市场中的投资（机）需求大增。也就是说，此次经济复苏是以商品住宅价格的大幅上涨为代价的。因此在刺激经济增长的目标实现后，各级政府对商品住宅业的调控政策也逐步收紧。这一阶段，中央政府相继出台了"国四条""国十条"和"新国八条"等政策，这些文件的措施体现在以下三个方面：

(1) 住宅管理政策

在土地政策方面，针对中低价位住宅、中小套型住宅和廉租房等具有保障性功能的住宅，适当增加土地供应。以此，加大保障性住宅建设，增加普通商品住宅供给，优化商品住宅供给结构，保证中央政府提出的"坚决遏制商品住宅价格上涨"调控目标的实现；在住宅供应政策方面，突出保障性住宅建设，设定了2013年建成470万套、新开工630万套保障性住宅的任务，部分城市开始执行商品住宅的行政性限购政策。

(2) 金融政策

国家按照家庭现有商品住宅的数量，进一步收紧金融政策，实施差别化信贷政策，具体内容包括：如果购买的住宅是家庭的第一套商品住宅，首付款比例要求不得低于30%；如果购买的商品住宅是家庭的第二套商品住宅，首付款的比例要求不低于50%，而且贷款的利率不低于中国人民银行公布基准利率的110%；暂停针对居民家庭第三套住宅的贷款；对于在某一城市不能提供一年以上完税证明或社会保障缴费证明的非居民的异地购房行为，停止发放贷款。

(3) 税收政策

国家这段时期在税收政策方面最突出的做法体现为：从2011年1月起分别在上海和重庆实施房产税试点。其中上海市的房产税主要针对增量商品住宅征税，以家庭为计税单位，人均住宅面积在60平方米及以下的免税，超过60平方米的征税；重庆市的房产税主要是针对高端商品住宅征税，存量独栋商品住宅的免税面积为180平方米，新购独栋商品住宅的免税面积为100平方米。除此以外，营业税的免征期限从2年恢复到5年。

从调控政策的效果来看，在上述紧缩政策的作用下商品住宅市场的发展呈现转弱态势，商品住宅销售面积的增长速度由2010年的10.6%下降至2012年的1.8%，商品住宅新开工面积的增长速度由2010年的40.6%下降至2012年的-7.3%，70个大中城市新建住宅价格指数同比增速由2010年的7.6%下降至2012年的-0.1%。但是从2011年底开始到2012年中，央行先后两次降准、降息，存款准备金率由2011年底的21.5%下调到2012年中的20%，同期基准利率由3.5%下调到3%。实行这些降准降息的宽松货币政策后，部分区域的商品住宅价格从2012年下半年开始进入了新一轮的上涨小周期。

3.1.5 以化解商品住宅库存为目的的调控阶段（2014—2016年）

这一时期，中国经济再度面临下行压力，稳增长诉求凸显。在此背景下，2013年12月10日，习近平总书记在中央经济工作会议上首次提出"经济新常态"的概念，新常态包括三方面的特征：经济增长从过去10%左右的高速增长下降为7%—8%的中高速增长；经济结构逐渐优化，从投资、工业为主的出口导向型结构，转向服务业为主的结构，服务业将取代工业成为经济新的增长点；经济发展动力从拼投资、靠资源、损环境的要素驱动转向创新驱动。与此同时，随着前期调控政策的不断出台与实施，我国商品住宅市场持续萎缩，进入了"总量放缓、区域分化"的新发展阶段，70个大中城市新建商品住宅价格环比指标在2014年5月首次出现下跌的情况，同时还伴随着商品住宅库存量的上升。此时，一二线城市商品住宅的高价格与三四线城市商品住宅的高库存两种现象并存。

在这一背景下，商品住宅的宏观调控政策更加聚焦于去库存以及差别化的分类管理，商品住宅调控政策逐渐转向宽松，通过商品住宅的去库存实现经济稳增长的意图明显。具体政策主要包括：

（1）取消限购政策

2014年6月，以内蒙古自治区呼和浩特市率先取消实施三年的限购政策为起点，各地掀起了一轮限购政策退出的热潮。截至2014年底，除北上广深等几个特大型城市之外，大部分原来实行限购的城市都取消了商品住宅的行政限购政策。

（2）金融政策

国家出台支持居民商品住宅消费、鼓励商品住宅企业融资等金融刺激政策。2014年9月30日，中国人民银行、银行业监督委员会联合发布《关于进一步做好住房金融服务工作的通知》（即"930新政"）。通知明确要求，对于以贷款方式购买家庭首套自住商品住宅的，贷款首付款的最低比例为30%，贷款利率的下限由银行业金融机构根据风险情况自主确定，最低为银行贷款基准利率的70%。对于家庭首套自住商品住宅的界定有所放宽，由认房又认贷的"首笔贷款标准"调整为认贷不认房的"唯一贷款标准"，即：在家庭已经拥有1套通过银行贷款方式购入的商品住宅的情况下，如果为改善居住条件再次申请通过银行贷款方式购买普通商品住宅，只要原有住宅贷款偿还完毕，再次购买商品住宅仍可以享受首套房贷款政策。同时，对于家庭二套商品住宅的商业贷款最低首付款比例降至40%；以住房公积金贷款方式购买首套商品住宅的首付款比例下调为20%。另外，在2014年11月22日至2015年底期间，央行6次下调存贷款基准利率和存款准备金率。

（3）税收政策

2016年2月17日，财政部、国家税务总局、住房城乡建设部三部

门联合发布《关于调整房地产交易环节契税营业税优惠政策的通知》。其中在契税方面,优惠政策如表 3 – 2 所示:

表 3 – 2　　　　　　　商品住宅契税税率表

面积	唯一商品住宅	第二套改善性住宅
90 平方米及以下	1%	1.5%
90 平方米以上	1.5%	2%

在营业税政策方面,以 2 年为界,对于个人将购买不足 2 年的商品住宅对外出售的行为,全额征收营业税;对于个人将购买 2 年以上(含 2 年)的商品住宅对外出售的行为,免征营业税。

从效果来看,在本轮强刺激政策的综合作用下,商品住宅市场迅速回暖,具体表现在:其一,商品住宅销售面积增速明显。从 2014 年至 2016 年,该指标同比增速由 6.5% 大幅攀升至 22.5%。其二,商品住宅价格大幅上涨。从 2014 年至 2016 年,70 个大中城市新建商品住宅价格指数同比增速由 0.2% 上升到 10.5%。一二线城市的商品住宅价格启动暴涨模式,部分城市的价格甚至接近翻倍。其三,住宅新开工面积增速大幅回升,并伴随着商品住宅库存的明显下降。

3.1.6　以挤出商品住宅价格泡沫为目的的调控阶段(2017—2019 年)

2016 年开始,我国经济呈现"L"形企稳态势,但通胀预期有所抬头,金融风险凸显,同时一二线城市商品住宅价格开始暴涨,而三四线城市商品住宅的库存持续增加,去库存的压力较大,商品住宅市场总体上呈现"一二线城市高房价、三四线城市高库存"的区域分化态势。

针对这一问题，中央政府相机而动，综合运用立法、土地、财税、金融、投资等多种手段，加快研究建立符合中国国情、适应商品住宅市场规律的基础性制度和长效机制，既抑制价格泡沫，又防止价格出现大起大落。从政策的内容来看，已经从稳增长转向防风险和促改革；从政策的方向上来看，从刺激转向收紧；从政策的时效来看，追求政策长短结合——短期依靠限购限贷，长期寻求建立长效机制。这一阶段政策主要包括以下几个方面：

（1）住宅管理政策

2016年7月的中央政治局会议提出了"抑制资产价格泡沫"的调控目标，以"稳房价、稳地价、稳预期"为总体要求。同年12月，中央经济工作会议强调构建、完善并落实商品住宅价格调控和平稳健康发展的长效机制，要坚持"房住不炒"的基调；同时允许因城施策，即：在构建商品住宅长效机制的框架下，允许地方政府根据自身的情况，选择适宜的政策组合，平衡"稳房价"和"稳增长"两个目标。在此基础上，2019年7月30日，政治局会议进一步明确"不将商品住宅作为短期刺激经济的手段"，这预示着商品住宅调控政策将持续稳定，保持较强的定力。

（2）金融政策

这个阶段的金融政策主要通过去杠杆实现隐性加息，通过收紧商品住宅信托及地产债融资端全面治理商品住宅融资乱象。具体金融手段包括以下四个方面：

第一，去杠杆。为了去杠杆，2016年8月底中国人民银行相继重启了14天逆回购和28天逆回购，同时加大了中期借贷便利（Medium-term Lending Facility，MLF）的操作力度，2017年1月正式上调MLF的操作利率。通过一系列锁短放长、拉长期限的操作，直接提高了商品住宅企业的资金成本，达到了隐性加息的效果。

第二，收紧商品住宅信托政策。2019年5月17日，银保监会发布《关于开展巩固治乱象成果、促进合规建设工作的通知》（银保监发〔2019〕23号），这一文件明确要求商业银行、信托公司、资产管理公司、金融租赁公司等机构要加强对商品住宅融资端的监管，提出了所谓的"432条件"，即：信托融资要求回归四证齐全、项目资本金要达到30%以上、开发商要具有二级资质。明确指出信托机构不得"向四证不全的开发商或其控股股东资质不达标、资本金未足额到位的商品住宅开发项目直接提供融资"。另外，新增了针对商品住宅信托的监管，其中信托包括拿地前端融资和名股实债融资两部分。

第三，收紧地产债政策。2019年5月以后，商品住宅企业境内外发债进一步收紧。同年7月12日，发改委发布《关于对房地产企业发行外债申请备案登记有关要求的通知》，将商品住宅企业发行外债的资金用途限定在置换未来一年内到期的中长期境外债务方面。

第四，针对供给侧和需求侧的金融政策。针对供给侧，2020年8月20日，中国人民银行为所有的商品住宅开发企业制定了收紧融资的三条标准，即：资产负债率（不含预收款）大于70%；净负债率大于100%；现金短期负债比小于1.0倍。对于商品住宅企业来讲，如果三条标准都没有达到，有息负债就不能再增加；如果其中的两条没有达标，有息负债的年增速不得超过5%；如果只有一条标准没有达标，有息负债的年增速不得超过10%；如果所有标准全部达标，有息负债的年增速不得超过15%。针对商品住宅的需求侧，2020年12月31日，中国人民银行下发《关于建立银行业金融机构房地产贷款集中度管理制度的通知》，为所有不同档次的银行，各自划定了标准，即：房地产贷款占比上限、个人住房贷款占比上限，以压缩调整居民购买时的房贷可申请额度。

(3) 关于行政限购限贷政策

2016年9—11月,商品住宅调控政策密集出台。部分城市在短时期内重启限购限贷,连续出台加强版行政限购政策。由于重新收紧限购限贷政策,2016年第四季度之后,一二线城市商品住宅价格和销量迅速降温。

总体来看,2016年以来,人口老龄化趋势和城镇化的发展速度进一步加快,经济高质量发展、防范化解重大风险的要求进一步迫切,在商品住宅调控方面呈现以下特点:一方面,差异化的政策体系。实施从"全国一盘棋"的统一政策体系到"因城施策"的差异化政策体系。在这一思路下,商品住宅调控政策呈现"核心城市区别于非核心城市""发达城市区别于欠发达城市"的明显特征。另一方面,短期调控与长效机制相结合。自1998年我国建立商品住宅制度以来,对于商品住宅的调控政策共经历了六轮政策周期,调控政策在"稳房价"与"稳经济"两个短期目标之间徘徊。其中"稳房价"包含避免房价大幅下跌和遏制房价大幅上涨两方面,"稳经济"包含托底经济增长和避免经济过热两方面。而在此次调控中,商品住宅价格不再仅仅作为短期经济调控的工具,而是突出其终极性,不再因为经济波动而做经常性的、超预期的政策调整,而是要构建基础性制度安排与长效机制。

3.1.7 以房住不炒和企业纾困为目的的调控阶段(2020年至今)

2020年暴发的新冠肺炎疫情再次将商品住宅行业推向风口浪尖,这个行业作为国内经济的脆弱环节,短期内面临巨大的冲击。因此,为维护商品住宅行业的稳定,国家在长期坚持房住不炒的政策的前提下,采取措施帮助商品住宅企业纾困。具体措施包括:

(1) 继续深化"房住不炒"方面的政策

第一,开发政策。2020年8月20日,住房城乡建设部、中国人民银行召开重点商品住宅企业座谈会,形成了重点企业资金监测和融资管理规则,被称为"三道红线"。

红线一:剔除预收款后的资产负债率大于70%;

红线二:净负债率大于100%;

红线三:现金短债比小于1倍。

根据"三道红线"触线情况不同,试点商品住宅企业被划分为"红、橙、黄、绿"四档。以有息负债规模为融资管理操作目标,分档设定有息负债规模增速阈值,每降低一档,上限增加5%。如果三道红线全部命中即为红档,开发商的有息负债就不能再增加;踩中两条即为橙档,有息负债规模年增速不得超过5%;踩中一条即为黄档,有息负债规模年增速不得超过10%;一条未中即为绿档,有息负债规模年增速不得超过15%。

"三道红线"标准是商品住宅调控长效机制的重要组成部分,配合此前在银行信贷、信托、债券等多渠道融资的严格规定,融资收紧的趋势可谓前所未有,商品住宅行业去金融化趋势明显。

第二,土地政策。土地"两集中"等政策仍将继续执行。所谓"两集中",即:集中发布出让公告、集中组织出让活动。按照要求,原则上发布出让公告全年不得超过3次,时间间隔和地块数量要相对均衡。

"两集中"带来土地供应端变革,在同一时期大量组织土地集中出让,一二线城市土地溢价率有望下降,从而改善商品住宅企业毛利率。集中供地政策可以平稳土地交易市场,减少热门土地被"哄抢"的局面;此外,集中供地政策也会带来商品住宅集中上市的局面,从而带来商品住宅供给冲击,价格战将会更加激烈,实现抑制城市商品住宅价格上涨的目标,从而稳定土地市场预期。

第三，金融政策。2020年12月31日，央行、银保监会联合发文，商品住宅贷款集中度新规出台，调整银行业商品住宅贷款占比上限与个人商品住宅贷款上限。两部门将根据银行的资产规模及机构类型，分档对其商品住宅贷款集中度进行管理，划出了商品住宅贷款占比上限和个人商品住宅贷款占比上限的"两道红线"。

红线一：商品住宅贷款占比上限最高为40%，最低为12.5%。大型银行不得超过40%，中型银行不得超过27%，小型银行不得超22.5%，县城农合机构不得超过17.2%，乡镇银行不得超过12.5%。

红线二：个人商品住宅贷款占比上限最高为32.5%，最低为7.5%。大型银行不得超过32.5%，中型银行不得超过20%，小型银行不得超过17.5%，县城农合机构不得超过12.5%，乡村乡镇银行不得超过7.5%。

（2）帮助企业纾困方面的政策

由于商品住宅行业的上下游产业链最长、蕴藏风险最大，因此，它成为疫情发生后政策重点纾困领域。各地从"稳就业""稳金融"和"防风险"的宏观导向出发，集中出台了针对商品住宅企业的紧急维稳措施，以尽力缓释商品住宅企业因短期现金流压力而造成的经营风险。这些紧急维稳政策主要集中在税收，出让金缴纳期限和方式放宽，交地、动工和竣工酌情延期等方面，以缓解商品住宅企业现金流压力的临时性支持措施为主。

第一，金融政策。银保监会提出灵活调整住房按揭与信用卡等个人信贷还款安排、合理延后还款期限等措施；中国人民银行下调贷款利率、延长还本付息、增加信用贷款和中长期贷款等一系列措施保持货币政策灵活性，帮助商品住宅企业融资，这些措施有利于稳定消费预期，对商品住宅销售市场有正面影响。

第二，税收政策。国家税务总局针对商品住宅企业实施延长申报纳税期限和减税，对于2020年度发生亏损最长结转年限由5年延长至8

年，这些措施可以降低疫情期间商品住宅企业的经营成本，在一定程度上缓解资金链压力。

3.2 调控政策工具及分析

根据上节内容分析，从1998年我国住宅商品化改革以来，商品住宅的价格就一直处在大幅度的波动之中，而对于商品住宅的调控也一直在"稳价格"与"稳经济"之间进行切换（间或调整为保项目、保交房）。其基本逻辑就是：当经济处于繁荣期时，通过打压商品住宅价格来抑制经济的过快增长；当经济受到外部冲击时，又要通过发展商品住宅业来带动经济增长。因此，20多年以来，商品住宅价格的调控始终走在一条盲目被动应对的短期道路上，没有构建科学化的长效制度体系。同时，商品住宅市场和价格受政策影响较大，对商品住宅价格的宏观调控中，政府综合运用了货币、财税、土地、行政命令等多种政策工具，而市场的价格波动通常也与这些政策的调整紧密相关。

3.2.1 直接影响购买力的货币政策

短期内，商品住宅市场价格直接受货币政策的影响。货币政策通过调整货币供应量、调节首付款比例、实施贷款优惠利率等途径直接决定居民对于商品住宅的购买意愿和购买能力。但20多年间我国的货币政策并不是一贯的，而是随着调控目标的变动而经常性发生调整。如果按照松紧标准进行划分，2003—2007年是从紧期，2008—2010年是宽松期，2011年是从紧期，2012—2016年是宽松期，2017—2020年是从紧期，2020年至今是宽松期。

货币政策包括宽松型和紧缩型两种，在对于商品住宅价格的影响方面，宽松型货币政策的效果较为显著。实施宽松型货币政策时，超量发行的货币会引致强烈的资产配置需求，再辅以较低的首付比例和贷款利率，消费者对于商品住宅的购买能力提升，市场需求会迅速释放，效果立竿见影。因此，宽松型货币政策一般会刺激商品住宅价格回升，但政策效果的显现会存在3—12个月的时滞。

与宽松型货币政策在刺激商品住宅价格回升方面效果明显相比，紧缩性的货币政策效果就较为复杂。实践表明，在市场总需求旺盛的情况下，紧缩型的货币政策并不能对抑制商品住宅价格过快上涨起到决定性的作用，甚至都难以改变上涨的趋势；而当商品住宅的总需求低迷时，紧缩型的货币政策却会对价格的下降起到助推作用。

3.2.2 因城而异的土地政策

在土地政策方面，因为土地是商品住宅建造的基础性要素，并且我国城镇土地实行土地国有制度，要进行商品住宅的开发建设就必须要从政府手中购买土地使用权，因此，不同的土地政策会形成不同的土地价格，并进一步对商品住宅价格产生影响。

中国一二线城市土地市场和三四线城市的土地市场存在较大差异，但土地价格却都呈现上涨的态势。对于部分一线、二线城市，由于城镇化发展对土地的需求日益紧迫，土地供应就日趋紧张，可用于商品住宅建设的土地少之又少。这些城市因此严控土地供应，导致地价上涨。可以说，目前中国一线城市短期内可用于开发的土地资源严重不足，这是造成商品住宅价格上涨的主要原因；而对于三线、四线城市来讲，土地储备本就充足，但由于土地出让金收入纳入地方政府的基金预算，在地方税收入严重不足的情况下，地方政府必然要通过土地使用权的出让实现自身经济利益的最大化，因此，地方政府通过土地收储、有意压低土地供给的做法就日益常见，这部分城市的土地价格也呈现居高不下的态势。

3.2.3 直接影响市场供应的财税政策

财税政策通过营业税（2016年"营改增"之前）、增值税、个人所得税、契税的优惠与减免等途径直接影响商品住宅的需求量与供给量；通过土地增值税的优惠，直接影响商品住宅开发商的供给节奏。从2005年大规模引入商品住宅调控领域伊始，财税政策就被作为一种抑制投机投资性需求的调控政策，从2008年开始更多地被作为一种鼓励住房消费的政策。

从政策变动来看，财税政策也经历了从适度从紧到适度宽松的过程，这主要是与我国结构性税制改革有关。从效果来看，财税政策并不能从根本上抑制商品住宅价格的上涨，但是却对交易量的影响较大。

3.2.4 短期影响直接的行政措施

行政性限购是采用行政命令的方式对商品住宅消费者的购买资格、购买行为进行限制，多在市场机制不健全的领域或不能够发挥作用的时段采用。我国从2010年开始把限购作为一个抑制投资（机）性需求的阶段性调控政策。从政策的实施效果来看，限购政策在短期内对商品住宅的成交量影响显著，但是由于这种政策无法长期应用，政策在实际实施中很难真正落到实处。一旦限购政策取消，商品住宅价格将迅速上涨，无法从根本上解决价格问题，达不到调控的效果。

3.3 调控政策的逻辑特征

从 1998 年至今，中国商品住宅市场经历了从无到有、从小到大的发展历程，商品住宅从短缺到过剩，商品住宅行业已经成为中国经济的重要产业，商品住宅价格也成了中国重要的经济晴雨表。对于这个有重大国民经济影响的庞大产业，政府进行了多年的调控。通过上文对 1998 年以来调控政策的梳理，可以看出政府的调控目标几经转变，但到目前为止，政府"抑制商品住宅价格过快上涨"和"房住不炒"的政策目标逐渐明确并趋于稳定，调控的政策手段日趋呈现多样化与系统化。

然而，我国商品住宅价格宏观调控政策的发展却远远滞后于这个行业自身的发展。在 20 多年的商品住宅价格调控活动中，这一政策体系本身缺乏系统性、长期性、前瞻性和科学性。被动应对的措施多，主动完善的措施少。总体来看，政府的调控政策呈现以下逻辑特征：

3.3.1 徘徊在调控工具与调控对象之间的属性定位

在商品住宅调控过程中，政府对于商品住宅的属性定位至少有如下三种：首先，具有普通民生商品属性的商品住宅。这一属性的商品住宅和市场中其他的普通商品一样，具有价值和使用价值，受到供求关系的影响；同时，商品住宅解决的是消费者的"居住"需求，在我国民生领域具有举足轻重的地位。其次，具有金融商品属性的商品住宅。由于商品住宅价格在一个较长时期呈现上涨态势，在短期内呈现涨跌波动的态势，这为投资者进行长期投资和短期套利提供了便利。因此，政府和公众会把商品住宅看做是具有金融蓄水池作用的金融产品。再次，具有发展工具属性的商品住宅。由于商品住宅行业在国民经济中的特殊地位和较强的关联性，它成为政府发展经济的不二选择，因此，当经济下行或过热时，政府就会采取反周期调节的方式熨平经济周期，而作为调控手段的商品住宅，其价格就会呈现反周期波动的特征。

对于不同属性的商品，政府会采取不同的政策措施、追求不同的政策目标——对于普通民生商品的价格，政府希望能够实现价格的低廉和平稳，以利于民生改善；对于金融商品的价格，政府希望它要具有灵活性，以利于活跃市场；而对于发展工具，政府会以商品住宅为调控工具进行经济调控，此时，商品住宅的价格是涨还是跌已经不再是政府的目标，而是政府为了实现其他更大、更多目标的手段。由于在不同时期，我国政府对于商品住宅的定位并不是一贯和连续的，因此商品住宅对于政府、市场、产业和消费者，始终游走于"天使"与"魔鬼"之间，政府的政策也始终徘徊不定，商品住宅价格也会忽高忽低。

3.3.2 相互矛盾的双目标体系

这20多年间政府的调控逻辑表现为：(1) 当经济下滑、商品住宅价格下跌时，政府的调控目标会以稳增长为主。商品住宅价格成为调控的工具，政府的调控政策以商品住宅的需求为调控重点，以土地政策、财税政策、金融政策为综合手段，通过调整商品住宅价格，实现经济的平稳发展。此时，商品住宅价格只是实现稳增长目标的一个手段，因此会产生商品住宅价格超预期的增长。(2) 当商品住宅价格增长过快时，政府会以稳价格为目标，综合应用多种经济、行政手段，通过控制需求实现价格的下降。

这一现象源自政府在商品住宅价格调控目标方面的多元矛盾性，即：商品住宅时而作为政府实现经济平稳增长的调控工具而被调高价格，时而成为政府直接的调控对象而被调低价格。当作为调控工具时，政府会以暂时牺牲商品住宅价格平稳性为代价，实现经济平稳目标，进而导致商品住宅价格的无序涨跌；而当政府调控经济实现平稳增长后，却发现商品住宅的价格波动已经超出了居民和社会的承受范围，政府又会将商品住宅价格作为一个直接的调控对象，制定相应政策，单纯控制商品住宅价格。

在双目标体系下，政策调控方向前后相左。例如亚洲金融危机时期（1998—2003 年）、非典时期（2003—2004 年）、次贷危机时期（2008—2009 年），政府以支持商品住宅产业发展的政策为主，而在其他时段则以控制价格上涨为主。商品住宅价格调控政策在作用方向上的前后不一、在作用类型上的忽紧忽松，致使上期调控的目标演变成了本期调控的对象，导致社会与公众无所适从、政府调控政策的有效性大大降低，调控政策很难达到预期效果。

3.3.3　重直接供求管理、轻预期引导的调控模式

对于消费者而言，商品住宅既是"商品"也是"住宅"，同时兼具资本品属性和普通商品属性。一般来讲，商品住宅都具有普通商品的居住功能，但是，只要市场上存在着价格持续上涨的有限理性预期，商品住宅就会由普通的商品属性转向具有投资（机）价值的资本品属性。因此，商品住宅价格调控长效机制的构建，关键在于从根本上改变价格上涨的非理性预期，通过政策的叠加效应，降低价格涨幅。

但是，现有包括供给管理政策和需求管理政策在内的调控政策中，供给管理政策主要是通过土地政策控制商品住宅开发企业的供给水平，需求管理政策主要是通过限售、限价、限购、限贷为核心的"四限"政策等手段限制住宅需求。这些政策之所以没有取得预定的成效，主要是由于这些政策均属于短期调控政策，过于强调政策的短期效果，虽然在短期可以人为地压低商品住宅价格，但是这一政策调控模式不但不能在长期疏导价格走势、不能通过对预期的管理缓解商品住宅市场供求失衡的局面，反而有可能在长期诱发对于"四限"政策的政策预期博弈，引起甚至加剧更新一轮的投机和炒作。

3.3.4 着眼短期价格调整目标、政策缺乏连贯的政策体系

近几年政府对于商品住宅进行调控主要是因为商品住宅的价格上涨过快，而基于这一市场条件所做出的政策调整，其调控对象也是现实价格。但政策制定、政策应用与政策效果间存在时滞效应，根据市场条件和政策手段的不同，时滞长短会有所差异。但无论时滞长短如何，当政策效果显现时，市场环境可能会与政策的作用方向产生偏差。因此，政策的作用点不应是现时价格，而是要通过政策的制定调整市场预期，通过市场预期调整未来价格。

经验表明，只有前后连贯的政府调控政策才能够形成合理的市场预期，频繁的相机抉择只能导致市场参与者预期的紊乱，无法形成理性预期。在这段时期内，我国商品住宅领域频繁的政策调控却导致住宅的价格越调越涨，主要是因为调控政策缺乏连贯性，公众预期缺乏引导。因此，政府的调控政策虽然严厉，但只要市场参与者保持乐观的预期，调控政策就无法达到政府期望的效果。

3.4 本章小结

按照时间顺序,我国商品住宅价格调控经历了七个阶段:以扩大内需为目的的调控阶段(1998—2003年)、以抑制商品住宅开发过热为目的的调控阶段(2004—2007年)、以刺激经济恢复为目的的调控阶段(2008—2009年)、以抑制投资(机)需求为目的的调控阶段(2010—2013年)、以化解商品住宅库存为目的的调控阶段(2014—2016年)、以挤出商品住宅价格泡沫为目的的调控阶段(2017—2019年)和以房住不炒和企业纾困为目的的调控阶段(2020年至今),在这七个阶段中,政府综合运用了货币政策、土地政策、财税政策和行政命令等多重手段。

从我国商品住宅价格调控政策逻辑特征的总结可以看出,大多数政策都着眼于直接调整和控制市场供给和需求,通过供需的调整影响价格。政府制定的压制市场需求的政策,虽然能够在短期内起到作用,但由于住宅刚性需求的存在、投资获利机会的出现等原因,这些政策只是将消费者的市场需求强制性延后,并没有有效解决价格过高和价格过快增长的问题。一旦调控政策松绑,商品住宅市场需求得以恢复,价格短期回落后就会是更大幅度的上涨。同时,价格上涨态势的延续将给刚性需求的消费者带来更沉重的经济负担。

因此,要实现商品住宅从多元属性向单一属性回归,将政策目标从动态的双重调控目标转换为单一调控目标,从直接调控价格的模式向直接调控预期、通过预期调控价格的间接调控模式转变。在政府提出"房住不炒"政策后,前两项目标转变已经实现,接下来政府需要将预期纳入政策调控对象体系,助力商品住宅价格的理性回归。

第4章

商品住宅及商品住宅市场的属性分析

近年来，我国商品住宅市场繁荣异常，商品住宅价格大幅上涨①，住宅价格收入比居高不下，高企的住宅价格远超居民的经济承受能力。因此，对于商品住宅价格的调控，需要从调控对象的本源属性分析入手，从本源属性确定调控目标和调控手段。因此，本章着重分析商品住宅的基本属性、商品住宅市场的基本属性，从属性定位与实际情况对比，分析现行政策失效的原因，寻求破解困局的对策。

4.1 吉芬商品阶段的商品住宅市场分析

在经济学中，根据商品价格与需求之间的变动关系，可以将商品分为两类，一类是普通商品（Normal Goods），另一类是吉芬商品（Giffen Goods）。

4.1.1 普通商品及其需求法则

普通商品（Normal Goods）是指当其他条件不变时，商品的市场需求量与市场价格呈反向变化的商品，即：商品价格上升时，普通商品需求量下降；商品价格下跌时，普通商品需求量上升。

主流经济学的基本前提假设是资源的稀缺性和理性经济人。资源的

---

① 从新冠肺炎疫情暴发以来，各地商品住宅的市场价格有所回落，但从中长期来看，仍未跳出上行的态势。

稀缺性假设是指经济资源相对于人们的需求来讲总体是不足的，理性经济人假设是指市场主体都是"逐利的"，即：生产者都希望多销售、卖高价，消费者都希望物美且价廉。在这两个假设之下，市场上的商品大多数都体现出普通商品的特性，因此，普通商品也成为传统经济学研究的重点领域。

对于普通商品来讲，消费者的需求量与该商品价格呈反方向变化，即：反映商品需求和价格关系的需求曲线是一条向右下方倾斜的曲线，斜率为负。对于普通商品，这就是经济学中的"需求曲线向下倾斜规律"或称"需求法则"，它表述了价格变化与普通商品需求量之间的影响关系。该需求法则是通过以下两条路径实现的：

（1）通过替代品的替代路径实现——替代效应

一般来说，某种商品在市场上都存在数量不等的替代品，这些替代品在功能方面能够全部或部分替代这种商品，二者之间存在竞争关系。在商品与替代品之间的相对价格保持平衡的情况下，消费者会形成稳定的消费结构——无差异曲线。但是，当相对价格的平衡被打破之后，这种稳定的关系也就不复存在，例如：当某种商品价格上涨时，人们会寻找功能相近但价格较为便宜的替代品，从而减少对这种商品的消费；当某种商品价格下降时，该商品相对于替代品来说就具有了价格优势，消费者会减少对替代品的消费，而增加对该种商品的消费。在经济学中这种现象被称为替代效应（Substitution Effect），即：替代效应是指当一种商品的市场价格相对于其他商品的市场价格上升或下降时，商品之间的价格均衡被打破，理性消费者会增加价格相对低廉商品的消费量，减少价格相对高昂商品的消费量，产生低价消费品对高价消费品的替代。替代效应会导致某种商品的需求量变动与价格变化呈反向关系。

(2) 通过收入实际购买力的变动路径实现——收入效应

在消费者收入和商品价格相对稳定的情况下，以消费者全部收入能够购买到的某两种商品的数量上限和数量组合是一定的，据此可以得出消费者的预算线。当两种商品的价格同比例上涨时，消费者能够购买到的该种商品组合的上限数量将下降，使得消费者的实际收入水平（即：购买力）下降，此时，预算线向下平移；当两种商品价格同比例下降时，消费者能够购买到的该种商品组合的上限将上升，使得消费者的实际收入水平（即：购买力）上升，预算线向上平移。在经济学中，这被称为收入效应（Income Effect），即：收入效应是指在收入规模确定的情况下，某两种商品组合市场价格的同比例上升或下降会导致消费者能够购买的该种商品组合的数量上限的下降或上升，即：消费者预算约束线会下移或上移，从而影响消费者的实际消费能力。

综上所述，当一种商品的价格发生变动时，消费者的消费行为将同时产生两种效应：收入效应与替代效应。普通商品的收入效应与替代效应如图4-1所示：

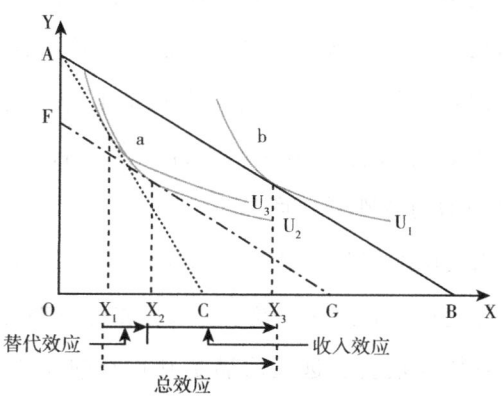

图 4-1 普通商品的收入效应与替代效应图

从图 4-1 中可以看出，对于普通商品 X 而言，由于其价格弹性充分，当价格上涨时，收入的实际购买力下降，收入效应为负数，表现为预算约束线由 AB 下降到 FG，无差异曲线由 U_1 下降到 U_2，市场均衡量由 X_3 下降到 X_2；同时由于 X 商品的相对价格上升，这种商品的消费会被其他替代品替代，替代效应也为负数，表现为预算约束线由 FG 调整到 AC，无差异曲线由 U_2 调整为 U_3，均衡量由 X_2 下降到 X_3。也就是说，当普通商品 X 的价格上涨时，市场的消费量会减少 $X_3 - X_1$，其中 $X_3 - X_2$ 这部分是收入效应的作用结果，而 $X_2 - X_1$ 这部分是替代效应的作用结果。当价格下降时，这两种效应的作用效果与价格上涨时的效果相反。因此，无论价格上涨还是下降，普通商品的收入效应与替代效应均呈同向变化，不存在彼此抵消或减弱的情况。

4.1.2 吉芬商品、确认标准及其需求法则

吉芬商品（Giffen Goods）是指在消费者整体收入水平恒定、对商品价格趋势的预期平稳、消费者偏好总体稳定，且相关商品价格保持不变的前提下，当只有商品价格这一单一要素变动时，需求量与价格呈同向变动的商品，即：商品价格上升时，需求量上升；商品价格下降时，需求量也下降。正如高鸿业（2011）所言，吉芬商品是一种需求量随着价格呈同方向变动的特殊低档商品。

吉芬商品是由英国经济学家 Robert Giffen（1879）首先发现的。在 18 世纪，由于英国对爱尔兰的掠夺，爱尔兰天主教徒只拥有全国耕地的 5% 左右，所出产的谷物等粮食远远无法满足其自身的需要，但由于爱尔兰多山的地质环境，贫穷的爱尔兰人就到山区去种植马铃薯这种从美洲引入的作物，爱尔兰山区温暖湿润的环境又非常适合马铃薯的生长，因此，

马铃薯就成为了爱尔兰主要的种植物。同时马铃薯自身含有丰富的淀粉、蛋白质、粗纤维、维生素 B、维生素 C 等，决定了马铃薯完全可以维持一个人对食物的基本需求和健康的生活，因此，马铃薯逐渐就成为爱尔兰人主要的粮食来源，变成了生活中的必需品，爱尔兰人甚至只种植马铃薯这唯一的农作物。但 1845 年，爱尔兰暴发了马铃薯霜霉病，这让爱尔兰人种植的马铃薯大面积绝产。在这种情况下，马铃薯的价格大幅度上涨，但为了维持基本生活需要，人们不得不去大规模抢购，于是就出现了马铃薯的"需求与价格同时同向上涨"这一违反供求规律的现象，这一现象被 Robert Giffen 首先发现，于是类似马铃薯这样的商品就被命名为吉芬商品（Giffen Goods）。

吉芬商品现象具体表现为，当一种产品的价格上涨时，人们对于该商品的需求也会不断增加；反之，当商品的价格不断下降时，人们对该商品的需求量也会随之降低。现实经济生活中，确定某一商品是不是"吉芬商品"，一般要看该商品是否满足以下条件：

条件一：从商品类型来看，这种商品是低档次的劣等品。商品价格偏低，质量低劣，不精致，是效用大于零的最低一档商品。它们的价格弹性小，消费者没有办法回避对这种商品的消费。

条件二：从消费者类型来看，消费者必须相当贫困，是低收入人群。正因为消费者是低收入人群，可支配的收入有限，在他们的消费支出结构中，吉芬商品就会占有足够高的比重。在商品价格上涨的情况下，消费者没有足够的回旋空间。这部分人群的贫困程度越是逼近生存底线，吉芬商品的特性表现得就越发明显。

条件三：从价格与需求量的关系来看，价格的上涨与需求量的上涨之间存在必然的联系。这种联系表现为时间的前后相继、因果相随，价格上涨为因、时间在前，而需求量的上涨为果、时间在后。同时价格上涨与需求上涨之间并不是直接相连的，是以消费者、生产者的预期为中间变量的。价格变化影响预期，预期影响需求。

一个商品如果同时满足上述三个条件,就会呈现需求量与价格同方向变动的特征,这种商品就是吉芬商品。之所以吉芬商品表现出与普通商品完全不同的性质,从经济学视角分析,是由于客观条件导致吉芬商品的需求刚性大、弹性小,从而导致在该种商品价格上涨的情况下,商品的收入效应与替代效应呈反向变动,且收入效应的下降幅度大于替代效应上涨的幅度,就表现出与普通商品截然相反的需求法则。这一关系与过程如图4-2所示。

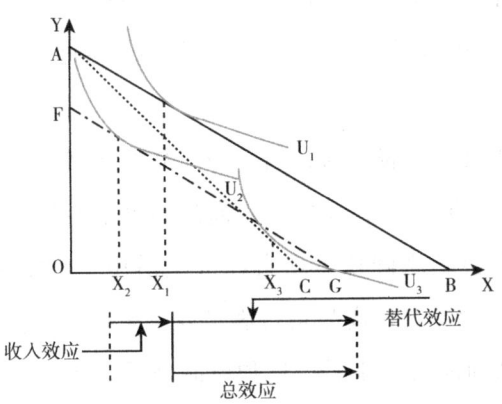

图4-2 吉芬商品的收入效应与替代效应图

从图4-2中可以看出,对于吉芬商品X而言,当价格上涨时,消费者收入的实际购买力下降,收入效应为负数,表现为预算约束线由AB下降到FG,无差异曲线由U_1下降到U_2,均衡量由X_1下降到X_2;同时,由于相对价格上升,预算约束线由FG调整到AC,无差异曲线由U_2调整为U_3,均衡量由X_2上升到X_3。也就是说,当吉芬商品X的价格上涨时,市场均衡量会增加X_3-X_1,其中X_3-X_2这部分是收入效应的作用结果,而X_1-X_2这部分是替代效应的作用结果,即:价格上涨,吉芬商品X的市场需求量上升。

因此,对于吉芬商品而言,替代效应与收入效应方向相反,且收入效应的绝对值小于替代效应的绝对值,最终导致需求量与价格同方向变化,即:需求曲线不是向右下方倾斜,而是向右上方倾斜。因此,吉芬商品不遵循普通商品的需求法则。

4.1.3 关于吉芬商品的争论

英国学者 Alfred Marshall 首先提出吉芬商品的概念,并将其纳入经济学教科书,但由于普通商品的需求定律无法解释吉芬商品在需求方面的这种特殊变动形式,因此,关于吉芬商品是否存在的问题就一直存在,并被称为"吉芬悖论"(Giffen's Paradox)。长期以来,理论界对于吉芬商品的争论一直没有平息,并逐渐演变为经济学的一个研究焦点。各国学者在 20 世纪后 20 年至 21 世纪前 20 年也对这一问题展开了深入的探讨,并形成了意见相左的观点,这一争论中的代表性观点包括如下两类:

(1) 关于吉芬商品在特定前提条件下存在的观点

Mark Scotson (2001) 提出了吉芬商品向下倾斜的需求曲线存在所必备的三个关键前提:其一,消费者的收入在一定时期内稳定不变;其二,消费者的消费偏好保持不变;其三,商品之间无差异。他认为只有在满足上述三个前提条件下,才能构建出向上倾斜的需求曲线,也只有在这三个前提条件下,才能证明这条需求曲线是否违背普通商品的需求定律。

黄涛(2009)认为:在满足内凹定律、商品替换定律和局限或约束条件下效用最大化这三个前提下,就能够应用无差异曲线推导并证明吉芬商品的存在性。

李伟伟(2009)认为,吉芬商品是存在的,只是由于需求曲线是基于现实市场中的均衡价格和需求量数据绘制的,它很难与理论上的需求曲线相一致，这导致现实中吉芬商品难以被识别。要观察并识别出这种商品需要具备一定的条件，例如：当市场上所有商品价格同时上涨，而吉芬商品价格的上涨幅度小于普通商品时，吉芬商品的价格就会相对下降，此时吉芬商品的收入效应、替代效应与其价格虽然呈同方向变动，但与其相对价格之间却呈逆向变动，这种现象不仅说明吉芬商品是存在的，而且并没有违背经济规律，只是它的显现需要具备一定的特殊条件。

刘正山、戚名琛（2006）在对具体市场案例进行具体分析后认为：在除了价格之外的其他条件保持不变的条件下，吉芬商品的需求曲线是向右下倾斜；但其他条件发生变化后，整条需求曲线就会发生移动，如图4-3所示。

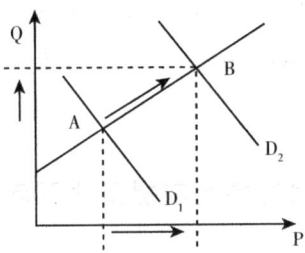

图4-3 需求曲线移动导致的变化图

从图4-3可以看出，当需求曲线D_1向右移动到D_2时，市场供求均衡点就会从A点移动到B点，此时就出现了"价格与需求量同时增长"的现象。虽然需求曲线已发生变化（由D_1向右移动到D_2），但就D_1和D_2每一条需求曲线来看，依然是向右下方倾斜的。这不仅说明吉芬商品是客观存在的，而且吉芬商品的需求法则与普通商品的需求法则之间是一致的。

这些学者普遍认为，在满足某些特殊条件的前提下，吉芬商品是现实存在的，这种存在性与需求定律并不违背。

另外，Dougan（1982）和Weber（1997）也认为，事实上吉芬商品是存在的,只是被观察到的概率较小。他们认为实际中的需求曲线与理论上的需求曲线有着明显的不同,它并不是一条向右下方倾斜的曲线,而是一条形状多变的曲线,如图4-4中的曲线D,这条需求曲线呈现"S"形,有时候是向右上倾斜的,有时候却是向右下倾斜的,在向右上倾斜的阶段,就呈现吉芬商品特质,而在向右下倾斜的阶段,就呈现普通商品特质。并且一般情况下,向右上倾斜的阶段只是很小的一段。

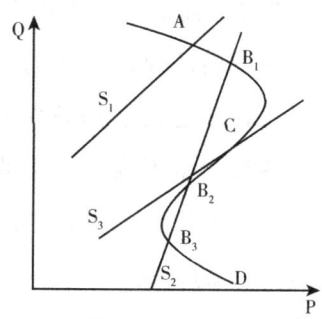

图4-4 不同供给曲线下的市场均衡图

从图4-4中可以看出,供给曲线S与需求曲线D的交点并不稳定,可能会在B_1点、B_2点和B_3点等多处达到均衡;而由于需求曲线中向上倾斜的部分只是很小的一段,因此,交点B_2出现的可能性就比较小,换言之,市场中能够观察到吉芬商品的可能性要远远小于这种商品存在的可能性。

(2) 关于吉芬商品不存在的观点

张五常(2010)提出:吉芬商品从逻辑上是不存在的,也就是说并没有任何一种商品类型是违背普通商品的需求法则的。他认为,从社会逻辑和经济逻辑分析,不会存在这样一种商品——价格越上涨,消费者购买的需求越发强烈,而同时生产者生产、销售该商品的积极性却随着价格的上涨而降低,这一方面与经济人假设相背离,另一方面也不会出现供给与需求的平衡点,他认为这种情况只能出现在只有一个人的市场中。

何琳、廖东声（2004）运用波普尔的非对称性理论对吉芬商品的存在性进行分析，他们认为：当商品和市场满足一般性条件时，必然会产生一条向右下方倾斜的需求曲线；但是如果吉芬商品存在，那么必然会存在一条向右上方倾斜的需求曲线，这显然与波普尔的理论可证伪性原理相违背。

苏斌（2004）认为："吉芬商品是存在的"这一观点明显是一个错误结论，这种错误是由两方面的原因造成的：其一，普通商品需求法则的存在和其作用是建立在一定的前提条件下的，即：除商品自身价格以外其他影响需求的各种因素不变，但吉芬商品的其他因素却都已经发生了变化，例如：消费者的需求等；其二，吉芬商品的需求法则是建立在错误假定基础之上的，这些假定基础与实际情况相脱离，例如：吉芬商品的替代效应与商品价格呈现反向变动的假定就是错误的，因此，他认为在错误假设基础上最终必然得出"吉芬商品是客观存在"的错误结论。

尹华（2004）认为吉芬商品违背需求法则仅仅是表面现象，通过进一步考虑市场变化可以得出：吉芬商品并没有违背需求法则的本质。他认为，在爱尔兰的灾荒时期，是市场上土豆供给减少的现象向消费者传递一种信号，这种信号导致消费者产生了未来价格将持续上涨的预期，而正是未来价格持续上涨的预期才导致爱尔兰的贫困农民增加了当期对土豆的需求，所以这是未来价格上涨导致当期需求上涨，与需求法则并不相矛盾。

郑大川（2007）认为，在爱尔兰灾荒时期，包括土豆及其替代品在内的农作物普遍减产、价格都会上涨，因此，需求法则中"替代商品的价格不变"这一前提条件并不具备，因此，不能利用收入效应与替代效应理论来解释吉芬商品。他进一步指出，在灾荒时期马铃薯需求大幅增长的原因是马铃薯供给的减少导致人们去购买马铃薯的替代品，这会直接造成替代品价格的相对上升，而正是由于替代品价格上升，人们才会减少这种相对昂贵替代品的消费，转向购买马铃薯充饥，即：马铃薯需求的上升并不是由于马铃薯价格上涨这一个因素导致的。

蔡立雄、何炼成（2006）应用马克思市场价值理论，详细分析了商品价值、市场供求关系与市场价格之间的相互影响关系，他们认为西方的经济学者没有真正看到商品价值变化的客观事实，错把不同的需求曲线混同为一条曲线进行分析，从而得出"具有价格上升、需求增加特征的吉芬商品是存在的"这一片面结论。

此外，学界针对吉芬商品还延伸出其他拓展性研究。张攀春（2010）从相对角度着眼，提出吉芬商品的本质是一种经济现象，并呈现出局部不稳定的特征，他认为，吉芬商品是在某种特定条件下才能存在的特殊商品，也就是说，有些商品在一段时间内或者特定条件下为正常品，而一旦条件发生变化就可能为吉芬商品。刘明国、李汉文（2010）提出了吉芬商品现象中的心理预期问题，他们认为当商品价格处于上涨阶段时，只要对商品价格的预期是持续看涨的，消费者就会趁价格没有涨到更高的价格之前进行购买，因此出现了与需求定理相悖的现象，他们认为正是消费者的预期才导致了吉芬现象的产生。

综上所述，作为一种区别于普通商品的特殊商品形式，吉芬商品及其理论的发展始终伴随着各种争议。一部分学者认为吉芬商品在市场中是存在的，并且符合需求法则，只是由于它是只有在特殊条件下才能发生在特殊商品上的一种特殊经济现象，因而不容易被观测到；另一部分学者则分别从理论辨析、数理推导和逻辑推理等多重视角进行论证，他们认为市场上并不存在吉芬商品，只有普通商品的需求法则才是一个普遍的、可靠的市场定律。双方的观点虽然针锋相对，但不可否认的是，吉芬商品理论却一直在双方的争议中不断前进与发展，并由单纯的理论探讨转向现实证据的全面探索。由于价格与需求同向变化的特征，导致吉芬商品会为产业发展带来比较严重的制约，致使市场难以形成稳定的均衡，从而造成社会福利的损失，因此，当前吉芬商品理论研究的发展方向是：首先，进一步评估吉芬商品的存在对市场中利益相关者和社会整体福利所造成的负面影响；其次，为消除吉芬商品引致的不稳定均衡制约提供政策支持，使市场发展突破"吉芬困境"。

4.1.4 本书的全新理解

如前所述，关于吉芬商品是否存在的问题，学术界争论了很久，至今也没有形成定论。但是，一方面，这并没有影响部分商品在特定的时期出现"价格上涨、需求上涨"的现象；另一方面，虽然某些特殊商品在特定时期出现"价格上涨、需求上涨"的现象是客观事实，但这种现象不会在某种商品上始终存在，这也是客观事实。因此，将商品简单地划分为"吉芬商品"与"普通商品"是不符合实际的，因为没有一直符合这种规律的商品，也没有一直呈现这种特征的商品。本书基于 Dougan. W. R（1982）和 Weber（1997）的研究，在"商品需求曲线是一条呈现'S'形的多变曲线"结论的基础上，建议在商品的分类标准方面，要实现"从固定商品属性"到"阶段性商品属性"的转换，即：商品不应该被固定地划分为"吉芬商品"和"普通商品"，而应该分为"吉芬阶段商品"和"普通商品"。这种分类标准既承认了商品会出现"价格上涨、需求上涨"的现象，同时又认可了这一现象的非常态性。这有助于跳出"吉芬商品是否存在"的固有争论，具有更加现实的意义。

按照吉芬阶段商品和普通商品的分类，吉芬阶段商品的基本要素具体表现如下：

(1) 存在相对贫困的消费者

市场中不同消费者自身的收入水平、生活背景、偏好习惯等在其做出经济决策的过程中都将起到不可忽视的作用，也就是说，某一种商品对于某类特定的人群呈现普通商品的特征，对另一类人群则可能呈现吉芬商品的特征。

传统的经济理论所谓的吉芬商品是针对贫困人群而言的，只有贫困人群对这种商品的需求曲线才是向上倾斜的。但是，贫困也不是一个固定的概念。不同时期，贫困的标准也不同，例如 2015 年以前联合国规定的贫困标准是每人每天的生活费在 1.25 美元（含）以下，2015 年将国际贫困线提高至 1.90 美元，即每人每天生活费在 1.90 美元以下的人才是贫困人口；我国对于贫困的界定标准也是动态的，2008 年以前政府设定绝对贫困标准和低收入标准这两个扶贫标准，其中绝对贫困标准 1986 年为 206 元，2007 年上调为 785 元；低收入标准 2000 年为 865 元，2007 年底上调为 1067 元。2008 年政府将绝对贫困标准和低收入标准合二为一，统一使用 1067 元作为国家扶贫标准。2009 年中国国家扶贫标准从 2008 年的 1067 元上调至 1196 元，2010 年再次上调至 1274 元。2011 年中央决定将农民年人均纯收入 2300 元（2010 年不变价）作为新的国家扶贫标准。因此，根据贫困标准的动态性，在吉芬商品的确认方面也要引入"相对性"的视角，即：相对贫困人群是指相对于某种商品而言的贫困人群，这部分人群可能不符合国家的贫困标准，但是相对于某种商品的价值而言，却是购买力不足的、是贫困的。

(2) 属于生活必需品

低档次的劣质品是指商品质量低劣、价格低廉，而质量低劣是价格低廉的根本原因，价格低廉是质量低劣的必然结果。吉芬阶段商品体现出"价格上涨，需求上升"特征的一个重要原因是商品本身价格弹性较小，即随着商品价格的上涨，消费者需求量下降的空间有限，甚至出现需求不降反升的现象。而劣质品由于质量低劣，在价格不变的情况下会有一定的需求，但是在存在替代品的情况下，一旦价格上涨，消费者就会减少对这种商品的消费量。因此，吉芬阶段商品首先应该是生活必需品，而不是劣质品，因为生活必需品具备两个特征：第一，生活必需品的属性导致了价格弹性较小，第二，生活必需品的质量并不低劣，不会被替代。

在不同的社会发展阶段，生活必需品的范围也是不同的。一般来讲，随着经济社会的发展和人民生活水平的提高，生活必需品的范围也在不断扩大，此时的生活必需品并不一定是彼时的生活必需品。因此，按照动态标准确定生活必需品才具有实际意义。

（3）需要综合性的评判标准

在发展变化的社会环境与情况各异的消费者群体中，寻找到在任何条件下对于所有人都始终呈现出吉芬商品特征的商品是很难的，这是否认吉芬商品存在的经济学者们持有的重要现实依据。但是在现实经济生活中，在不同的区域市场、不同的商品发展阶段，不同的消费者都会阶段性地面对具有吉芬商品特征的商品，这也是经济事实，这是支持吉芬商品存在的经济理论学者们持有的重要现实依据。因此，用单项标准在动态人群、动态商品中寻找具有固定属性的商品是不现实的。本书建议应用综合标准，将生活必需品标准与贫困标准相结合，引入两项相对性指标——单项支出比率和价格收入比率。这两项指标具体描述如下：

第一，单项支出比率。一项商品是否是生活必需品可以从该项商品支出的占比来反映，这一指标表现为：

单项支出比率＝某项商品支出÷消费者个人年度总支出×100%

这项指标越大说明在消费者的年度支出中，这类商品的消费金额越多，在消费者的消费结构中越重要，它就是生活必需品。

第二，价格收入比率。用价格收入比衡量消费者相对于某种商品的贫困程度，这一指标表现为：

价格收入比率＝某种商品的价格÷消费者的收入×100%

这一指标越大说明消费者在购买该种商品的行为中，自身的经济实力与商品购买支出之间的差距越大，消费者相对于这种商品是贫困的。前文所谓的相对贫困就是指特定消费者的收入与某种商品的价格之间的比值（即：价格收入比）过高。

4.1.5 处于吉芬商品阶段的我国商品住宅

自 1998 年我国商品住宅市场化改革以来，商品住宅销售面积与平均销售价格情况如表 4－1 所示。

表 4－1　　我国商品住宅销售面积与销售价格表（1998—2019 年）

年份	销售面积（万平方米）	平均销售价格（元）
1998	10827.10	1854
2000	16570.28	1948
2005	49587.83	2937
2006	55422.95	3119
2007	70135.88	3645
2008	59280.35	3576
2009	86184.89	4459
2010	93376.60	4725
2011	96528.41	4993
2012	98467.51	5430
2013	115722.69	5850
2014	105187.79	5933
2015	112412.29	6473
2016	137539.93	7203

续表

年份	销售面积（万平方米）	平均销售价格（元）
2017	144788.77	7614
2018	147759.59	8553
2019	150144.32	9287

资料来源：《中国统计年鉴（2020）》。

从表 4-1 中可以看出，按照时间顺序，在 1998 年到 2019 年间商品住宅的销售面积只在 2008 年和 2014 年有所下降，跌幅分别是 10855.53 万平方米（由 2007 年的 70135.88 万平方米下跌到 2008 年的 59280.35 万平方米）和 10534.9 万平方米（由 2013 年的 115722.69 万平方米下跌到 2014 年的 105187.79 万平方米），而在 2009 年和 2015 年就迅速实现反弹，达到甚至超过下跌前的水平；平均销售价格只是在 2008 年有 69 元的小幅下跌（由 2007 年的 3645 元下跌到 2008 年的 3576 元），而在 2009 年也迅速实现反弹，大大超过了 2007 年的价格水平。除此之外的其他年份商品住宅的销售面积与平均销售价格都呈现"双涨"的态势。可以说，现阶段我国的商品住宅商品处于典型的吉芬商品阶段。对于处于吉芬阶段的商品住宅可以从以下两方面进行解释。

（1）商品功能视角的分析

商品住宅具有居住功能、投资（机）功能和炫耀功能等多项功能。不同功能下商品住宅呈现出不同的特征，其需求也受到不同因素的影响，呈现不同形状的需求曲线。

第一，居住功能的商品住宅及其需求曲线。商品住宅最初、最基本的功能就是居住。无论在什么时代，在哪种制度下，无论什么人，都有衣食住行的基本需求。按照马斯洛的需求层次论，"居者有其屋"是人们的一项最基本的需求，而商品住宅正是能够满足人们对于"居住"需求的一类商品。在住宅商品中，对于人们居住的这种刚性需求，一般的低档次商品住宅就能够满足。正常情况下，在居住功能下，商品住宅的需求会随着价格的变化而发生反向变化，呈现一条向右下方倾斜的曲线。

但是由于当前阶段我国商品住宅价格持续上涨的特殊性，消费者已经形成了未来价格上涨的心理预期，为了避免在未来承担更高的价格，一部分消费者会选择提前消费，导致成交量上升，而这种提前消费同时还会导致价格上涨，出现量价齐升的情况；而一旦商品价格上涨、成交量上升，消费者对价格上涨的预期被证实，这种量价齐升的情况还会进一步刺激另一部分之前犹豫的消费者做出同样的消费选择。因此，当前我国居住功能的商品住宅的需求曲线呈现向右上方倾斜的特征，此时商品住宅呈现吉芬商品的特征。

第二，投资（机）功能的商品住宅及其需求曲线。投资和投机是在商品住宅市场化的前提下产生的两种附加金融功能。原则上来讲，投资与投机具有不同的属性，二者之间的区别在于：其一，行为时间限度的长短不同，投资行为着眼于长期收益，一般期限较长，而投机的目的是获取短期收益，一般投资期限较短，投资方式以快买快卖为主；其二，两者的利益侧重点不同，投资行为侧重于长期的利益，注重价值投资，而投机活动侧重于短期的价格差，以谋取短期利益为主；其三，出资者承担的风险不同，投资活动的风险较小，本金和收益相对安全；而投机活动面临的风险较大，所以投机又被称为"高风险的投资"；其四，两者的交易方式不同，投资活动一般采用的是实物交割形式，而投机行为往往是一种信用交易。但是在现实生活中，往往投资活动与投机活动之间的界限并不是很清晰，尤其在商品住宅交易中，因此，本书将商品住宅的投资行为与投机行为合并，并称为投资（机）行为。在这种行为中，商品住宅变成了一种金融投资品。在投资（机）功能下，消费者是否对商品住宅进行投资（机）取决于商品住宅在计划投资（机）期内是否具有投资（机）价值。此时，商品住宅的购买者不再关注商品住宅的居住功能，而是关注商品住宅未来的价格，只要未来的价格高于现在的价格，有盈利空间，就具有投资（机）价值，消费者就会对商品住宅进行投资（机）。满足这种功能主要靠中档次商品住宅。

在我国商品住宅价格持续上涨的情况下，购买商品住宅再出售获利将是一个大概率事件，因此，商品住宅的价格上涨幅度越大，投资（机）获利的空间就越大，投资（机）者购买的积极性就越高，需求就会越上涨；商品住宅的价格上涨的时间越长，投资（机）获利的机会就越多，投资（机）者购买的积极性就越高，需求就会越上涨。因此，需求曲线呈现为一条向右上方倾斜的曲线，此时商品住宅呈现吉芬商品的特征。

第三，炫耀功能的商品住宅及其需求曲线。炫耀功能是商品住宅社会化条件下产生的一种社会功能。在社会发展中，人们的经济地位、社会地位需要通过一定的物质形式体现出来，例如豪车与豪宅。因此，一些高档次住宅能够满足人们这种炫富需求。在这种功能下，消费者需要的是商品住宅所提供的附加功能，消费者不太考虑商品住宅的居住功能、投资（机）功能，而是更加关注商品住宅优质的材质、精湛的建筑工艺，以及其背后所蕴含的美学功能等。此时，商品住宅的需求曲线会与投资功能的需求曲线相同，表现为向右上方倾斜。此时商品住宅也呈现吉芬商品的特征。

综合来看，处于社会不同阶段的消费者对于商品住宅的需求是不同的，商品住宅所体现出来的商品属性也是不同的。当前我国商品住宅市场中，各种需求类型都大量存在，商品住宅的总体需求曲线呈现什么形状，要取决于商品住宅需求的结构。例如：在居民对于商品住宅的刚性需求和改善性住房需求没有得到充分满足之前，商品住宅的居住定位属性较强。此时，商品住宅的总体需求曲线就会是一条向右上方倾斜的曲线，但斜率较小；如果在刚性需求和改善性住房需求得到充分满足之后，商品住宅的投资品和奢侈品属性就会增强，需求曲线就会是一条向右上方倾斜的曲线，斜率较大。

因此，在多种需求曲线叠加的情况下，我国目前商品住宅市场更多地体现出吉芬商品属性，商品住宅是处于吉芬阶段的商品。而商品住宅的需求曲线呈现向右上方倾斜的特征，如图 4-5 所示。

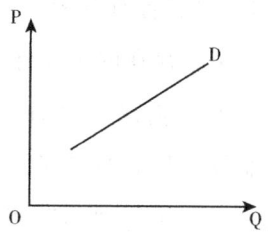

图 4-5　我国商品住宅需求曲线图

（2）商品特征视角的分析

吉芬商品一般是具有单一依赖性的生活必需品，它具有供给稀缺性、收入约束性和易保存性等特点。从当前商品住宅的特征来看，它也具有上述特征，具体理由如下：

第一，商品住宅具有供给稀缺性。商品住宅商品的供应离不开土地，而我国实行城镇土地公有制、农村土地集体所有制，即：土地所有权属于国家和集体。在 18 亿亩耕地红线的限制下，能够用于商品住宅建设的城乡用地是有限的，同时商品住宅开发企业要通过"招拍挂"的途径从国家取得土地使用权，而每年地方政府用于出让的土地都是有计划限制的。所以，在建设用地有限、商品住宅企业建设能力有限的情况下，商品住宅的供给能力和供给数量也是有限的，市场上的商品住宅供给呈现稀缺性。

第二，商品住宅对消费者具有收入约束性。由于我国居民自建住宅较少，住宅的商品化率较高。虽然也有继承、馈赠等取得方式，但这些方式不会对市场价格形成影响，居民的住宅来源主要依靠市场供给。因此，居民收入的高低与商品住宅价格之间关系密切，它直接影响着消费者对商品住宅商品的购买行为。

第三，商品住宅是具有单一依赖性的生活必需品。对于消费者而言，某种商品单一依赖性是指这种商品的功能在同类商品中比较突出，与替代品相比，它的优势比较明显，收入弹性小。按照我国消费者根深蒂固的家庭观念和生活习惯，"居者有其屋"是千百年来中国人的生活梦想，拥有独立住宅是一个家庭存在的重要标志。商品住宅是中国居民的生活必需品，解决的正是基本需求中"住"的问题，而且在目前的技术条件下，尚不存在其他替代品能够起到替代作用。购买住宅是解决这一需求的重要路径，虽然可以通过"租"的方式解决一部分，但是，这种方式只能起到补充作用。

对于商品住宅所具有的这种"单一依赖性的生活必需品"属性可以从价格收入比来理解。

商品住宅价格收入比 = 户均商品住宅总价 ÷ 户均家庭年总收入

其中：

户均商品住宅总价 = 人均住宅面积 × 每户家庭平均人口数 × 单位面积住宅平均销售价格

户均家庭年总收入 = 每户家庭平均人口数 × 家庭人均年收入

价格收入比的比值越高说明居民购买商品住宅这种商品的相对能力越弱，比值越低说明居民购买的相对能力就越强。20世纪90年代初世界银行专家Andrew Hamer在对中国住房制度改革进行研究时，认为中国的房价收入比的理想区间是3—6。而根据上海易居房地产研究院发布的数据显示，我国深圳市的价格收入比竟已经高达27.7。

第四，商品住宅具有易保存性。商品住宅属于固定资产，其使用年限较长。按照我国《住宅建筑规范》（GB 50368—2005）的规定，住宅结构的设计使用年限不应少于50年，其安全等级不应低于二级。也就是说，在50年里商品住宅都要保持其基本居住属性不变。

从我国商品住宅的多元属性及单一依赖性的生活必需品、供给稀缺性、收入约束性和易保存性的特点分析，现阶段我国商品住宅具备吉芬商品属性，是一种处于吉芬商品阶段的商品。因此，对于这种特殊的商品价格就不能按照普通商品的规则进行调控。

4.2 不完全竞争的商品住宅市场分析

在上一节对商品住宅属性进行分析的基础上，本节对商品住宅市场属性进行分析。按照经济学的分类，商品市场可以分为完全竞争市场和不完全竞争市场两种。

4.2.1 完全竞争市场的必要条件

经济实践是丰富多彩的，价格、供给、需求等各种经济变量之间存在着多种多样复杂的关系，彼此之间互相影响，互为自变量与因变量。因此，为能够对经济现象和经济理论进行研究，传统经济学就对经济现象进行去繁就简，将市场条件进行抽象。而完全竞争市场就是一类这样的特殊假设。一般来讲，完全竞争市场假设包括以下具体内容：

(1) 商品同质假设

商品同质假设是指假设在同一类商品中，所有商品的质地都是相同的，彼此之间不存在品牌、型号、款式等方面的差别，更不存在假冒伪劣商品的可能性。在这一假设条件下，当某种或某几种商品价格发生变化时，商品彼此之间能够完全替代，消费者选择消费或者放弃消费的商品都是同质的，生产者选择生产或者放弃生产的商品也都是无差别的。在商品同质假设条件下，市场的需求量与供给量的变化不会因为商品质地不同而发生变化，这一假设保证了价格变化与商品供给量、需求量变化之间联系的唯一性。

(2) 市场主体无限假设

市场主体无限假设是指假设市场上存在着足够数量的现实生产者和现实消费者，同时也存在着足够数量的潜在生产者和潜在消费者。当市场上的某种商品价格发生变化时，因为有足够的生产者和消费者进出市场，导致市场供给量与需求量的巨大变化，从而实现价格的回归。具体来讲，当商品价格上涨时，大量的生产者进入市场增加供给以平抑商品价格；当商品价格下跌时，大量的消费者进入市场以提高商品价格。实际上，市场主体无限假设也可以叫做潜在供需无限假设，因为商品的市场价格并不会因为生产者和消费者进出市场而发生改变，而是由于生产者和消费者所带来的供给量和需求量的变化才引起价格的改变。这一假设的目的是保证商品价格变化时，市场上的供给量和需求量足够大，大到足以能够引起价格的显著变化，实现价格的回归。

(3) 市场无障碍假设

市场无障碍假设包括人员无障碍假设与生产资料和商品无障碍假设两个方面。其中：人员无障碍假设是指包括商品生产者和消费者在内的市场主体都可以在价格信号的指引下随意、无成本地进出市场，不存在非价格因素之外的限制；生产资料和商品无障碍假设是指商品的生产资料和产成品都可以自由进出市场，不存在地方性法规、行政命令、风俗习惯等方面的障碍。市场无障碍假设能够保证人员、生产资料、商品等要素任意进出市场，保证当价格变动时，市场主体要进出市场时不存在任何的非价格限制。

(4) 信息充分对称假设

市场信息包括商品生产、销售、质量等方面过去、现在和未来的信息,市场信息是生产者和消费者做出理性决策的重要依据。信息充分对称假设是指市场主体掌握相关产品全部的市场信息,并能够在充足信息的基础上对未来的市场发展做出理性判断与决策。信息充分对称假设能够保证所有市场主体的理性决策和理性行为,从而保证市场相关行为和发展的理性化。

(5) 市场总量无限假设

市场总量无限假设是指对于市场中的某种商品来讲,其市场的供给总量和需求总量都是无穷大的。这一假设保证任意一个或少数几个消费者或者生产者都不能够主导市场价格,也就是说市场价格只能是通过众多市场主体之间的充分博弈之后形成的,是能够完全代表市场主体意愿的结果,不存在垄断价格等非市场价格的问题。市场总量无限假设保证了商品价格形成的市场化过程,保证了商品价格的客观、公正,能够真正反映商品的价值和市场供求关系的实际。

(6) 决策独立假设

独立决策假设是假设商品的生产者与消费者之间不存在串通行为。一般来说,商品的生产者和消费者处于生产消费环节的两端,彼此的目的不同。生产者要通过提高价格增加盈利,而消费者希望降低价格增加消费者剩余,一个希望提价,一个希望降价,价格是双方博弈的焦点。因此,正常情况下生产者与消费者之间不会存在串通合谋行为。但是在经济活动中,生产者和消费者有时会为了一个共同的目的出现"协作"行为,例如:为了制造销量的数据,生产者会对特定的消费者以一个虚假的价格进行所谓的内部销售,从而双方之间达成某种"协作",这样的价格会脱离市场的真实情况。独立决策假设的存在就是要通过生产者和消费者之间的对立关系保持某种平衡博弈，使最终的市场成交价能够反映供需双方的真实意愿和供需双方的真实力量对比。

(7) 利益最大化假设

无论是商品的生产者还是消费者，市场主体都是完全理性的个体，就是所谓的"社会人"。这些主体追求政治、经济、社会等方面差异化的目标，同时在不同时期又会有所侧重。人们活动目标的多元性和目标变动的不确定性导致市场主体在进行决策时会采取不同标准，进而呈现决策的多变性和难以预测性。为了能够分析经济活动、进行经济预测，经济学界引入了利益最大化假设。这一假设将主体决策的多元标准简化为单一标准，即：生产者和消费者都以自身经济利益最大化为活动的目标。该假设排除了其他标准的影响与干扰，将市场主体的决策标准单一化，在市场要素的变化与市场主体的行为决策之间建立起稳固的决策机制，简化了市场分析，将不确定的结果确定化。

上述七个假设涵盖了市场主体、市场环境、市场客体三个维度。其中市场主体方面的假设包括市场主体无限假设、利益最大化假设、决策独立假设，这三个假设决定了大量的市场主体在资源约束的条件下能够以完全理性经济人的身份、按照自身效用或利润最大化的原则独立做出经济决策；市场环境方面的假设包括市场无障碍假设、信息充分对称假设、市场总量无限假设，这些假设保证了市场客体能够无障碍流动，市场主体能够最大限度做出理性决策；市场客体假设包括商品同质假设，这一假设能够保证决策不受价格以外因素的影响，市场主体可以遵循确定性原则、极大极小法则、边际原理以及概率法则（即：主观期望原则）等进行决策。在满足上述条件的情况下，市场就是完全竞争市场，也只有在上述假设完全满足的情况下，市场供求规律才能够无障碍地起作用。

4.2.2 我国商品住宅不完全竞争的市场环境

上述完全竞争市场是一种假想中的理想市场环境，是为了满足经济理论的逻辑推演而进行的理论抽象，现实经济中很难存在。我国的商品住宅市场也很难完全满足上述条件，现实中的商品住宅市场和完全竞争市场之间的差异主要体现在市场主体、商品住宅商品、市场本身等几个方面。

（1）对市场主体方面假设的背离

完全竞争市场中有关于市场主体无限的假设，但这种假设在我国商品住宅市场中是不存在的。

第一，市场主体的有限理性。市场主体都是现实的生产者和消费者，这些主体的生活背景、知识结构、判断能力都不同，并不具有纵向和横向方面完备的知识。其中：在时间的纵向方面，在任何一个时间点上，市场主体都不能占有成为理性经济人、完全预测商品住宅市场未来的所有信息；在横向方面，市场主体也不符合理性经济人能够通晓商品住宅市场现时资源分配格局、交易对象和市场环境等情况的特征，距离时时、事事都能够做出理性选择的要求较远。因此，常态下商品住宅市场的市场主体都是有限理性的，不会做出全部最优决策，大部分都是次优决策。

第二，商品住宅购买能力的有限性。一方面，从绝对购买能力方面看，由于商品住宅市场中商品住宅单价和总价较高，导致消费者不能无限制购买商品住宅，其绝对购买能力有限；另一方面，从相对购买能力看，由于商品住宅具有固定资产的属性，其单位价值较高，相对于消费者的收入和购买能力而言，商品住宅总体价格较高。表4-2显示的是2015年我国商品住宅价格收入比最高的10个城市的基本情况。

表4-2　　　　　商品住宅价格收入比（2015年）

城市	深圳	上海	北京	厦门	福州	太原	天津	杭州	南京	广州
房价收入比	27.7	20.8	18.1	16.6	14.7	12.2	11.7	11.3	11.3	11.1

资料来源：上海易居商品住宅研究院《全国35个大中城市房价收入比排行榜》（2015年）。

从表4-2中可以看出，在房价收入比最高的深圳，购买一套商品住宅需要普通中产家庭27.7年的收入，即使房价收入比最低的广州也需要11.1年的收入，可见在当前阶段，消费者购买商品住宅的相对能力也是有限的。

第三，商品住宅购买意愿的有限性。商品住宅的购买意愿与消费者的购买用途直接相关，消费者的购买行为无非源自居住、投资（机）和炫耀等意愿，而其中最重要的是居住意愿。无论是解决刚性居住需求的购买意愿，还是解决改善性居住需求的购买意愿，在特定时期、特定的情境下，这些消费目标的实现都是有上限约束的。

第四，商品住宅的供给也是有限的。商品住宅的生产与提供要受到土地供给的限制、劳动力供给的限制、建筑材料供给的限制等，因此，在一定时期，市场上商品住宅的供给能力和供给数量也都是有限的。

（2）对商品住宅空间同质性假设的背离

事实上，商品住宅并不是同质的，住宅间的差别主要体现在以下两方面：一方面，住宅本身的区别。与普通商品不同，商品住宅属于不动产，它不能或不适于移动，一旦移动，这种商品将遭受毁损。因此，商品住宅所处的地理位置、楼层是唯一且固定的，这种空间异质性客观存在。鉴于此，商品住宅生产者会通过设计模式、宣传等多种方式来突出并固化这种异质性，人为制造海景房、江景房、校区房等各种噱头来制造并凸显不同商品住宅之间的差异。另一方面，住宅的附加区别。商品住宅除了居住的基本功能之外，还有很多附属功能。由于这些功能差别，导致商品住宅彼此间的异质性。例如：现代社会中，记者、作家、经济人、摄影师、计算机编程员等居家办公者，基于随意、自由、不拘泥于朝九晚五的工作方式、生活空间与工作空间既紧密相连又相对独立、白天与黑夜的混淆、工作与睡觉时间不确定等职业因素，会对商品住宅产生特殊的功能需求。从而，商品住宅也会被设计成酒店式、公寓式、LOFT、SOHO 城等不同的住宅格局，从不同视角彰显每套商品住宅在品质、功能、价格、服务等方面的特殊性，以满足不同的消费需求。这些都增加了商品住宅之间的差别，弱化了商品住宅商品同质性假设。也就是说，市场上不存在两套完全相同的商品住宅。

(3) 对市场环境假设的背离

对市场环境的假设的背离体现在如下两方面：

第一，信息的非充分对称性。商品住宅的建设是一项复杂的系统工程，这项工程至少包括基础设施工程、建安工程和室内装修三部分。其中基础设施工程包括供水、供电、供气、道路、绿化、排污、排洪、电讯、环卫等工程和项目；建安工程主要包括建筑工程、设备及安装工程等项目，建筑工程具体涵盖建筑、特殊装修工程领域，设备及安装工程具体涵盖给排水、电气照明、电梯、空调、燃气管道、消防、防雷、弱电等设备及安装领域；室内装修包括软装修和硬装修。这些项目专业性较强，对普通消费者而言，掌握其行业专业知识难度很大，不仅需要大量的时间和精力，必要性也不强。因此，在商品住宅生产者和消费者之间就存在着严重的信息不对称，商品住宅生产者掌握大量的产品生产信息、价格信息，处于信息优势地位，而消费者处于信息劣势，只知其表不知其里，只知其果不知其因。

第二，土地资源的有限性。商品住宅要建设在特定的土地之上，土地这一要素在商品住宅的生产中处于特殊的地位。我国虽然有960多万平方千米的国土面积，但其中多山地丘陵、菏泽湖泊等不适于商品住宅建设的地质形态。另外根据《中华人民共和国土地法》的规定，我国土地实行社会主义公有制，包括全民所有制和劳动群众集体所有制两种实现形式，其中只有全民所有制土地才能用于建造商品住宅。同时国家实行土地用途管制，该制度将土地按照用途分为农用地、建设用地和未利用地，根据土地的不同用途，政府分别实行差异化的土地管理政策，包括严格限制农用地向建设用地的转移，严格控制城市建设用地总量，实施严格的耕地特殊保护政策等。《限制用地项目目录（2006年本增补本）》也明确规定了宗地出让面积的上限标准，其中小城市（镇）的上限标准是7公顷，中等城市的上限标准是14公顷，大城市的上限标准是20公顷。这些措施都导致每年我国可用于建造商品住宅的建设用地的有限性。

（4）对市场无障碍假设的背离

对市场无障碍假设的背离体现在以下两个方面：一方面，生产者市场进入障碍。从我国商品住宅行业供给方面的现实情况看，商品住宅业属于资本密集型、劳动密集型行业，虽然技术要求不高，但还是存在一定的进入门槛的，比如商品住宅行业资金需求巨大、行业杠杆率较高。因此，对于部分规模不大的小型企业来讲，进入商品住宅行业并不是无门槛的。另一方面，消费者市场进入障碍。从我国商品住宅需求方的现实情况看，消费者进出市场买卖商品住宅是存在一定障碍的，其中最重要的一个经济障碍就是商品住宅买卖环节所需缴纳的税费，其中，商品住宅交易环节涉及的税种及税率基本情况如表4-3所示。

表4-3　　商品住宅交易环节税种基本情况表

税种	纳税人	税率
契税	买方	基准税率3%，优惠税率为1.5%和1%
增值税	卖方	5%

续表

税种	纳税人	税率
印花税	买方、卖方	0.05%
城建税	卖方	7%、3%、1%
个人所得税	卖方	交易总额1%或两次交易差的20%
土地增值税	卖方	30%、40%、50%和60%
教育费附加	卖方	3%
地方教育附加	卖方	2%

从表4-3中可以看出，在我国商品住宅交易环节存在大量的税种，这些税种的存在加大了商品住宅的交易成本，使消费者进出市场的门槛提高，破坏了市场无障碍假设。

总之，在完全竞争市场中，交易是建立在严格的市场主体假设、市场客体假设和市场环境假设基础之上的，只有在供求双方充分博弈基础上所形成的价格，才能真正反映供需双方之间的价值判断、力量对比，才是真正的市场价格。由于我国商品住宅市场不具备完全竞争市场的基本条件，供给、需求的变动与价格之间的关系会发生某种程度的扭曲。在这种情况下所形成的价格不能够真正、准确反映消费者对商品的评价，这样的价格是非理性的。

4.3 本章小结

第一，商品住宅及其市场具有特殊性。当前我国商品住宅商品处于吉芬商品阶段，商品住宅商品的需求曲线是向上倾斜的，随着价格的提高，商品住宅的需求量不断增长。同时，商品住宅市场是不完全竞争市场，供求规律部分失效。因此，对于商品住宅进行调控就不能简单地按照供求规律进行。在吉芬阶段商品的价格与需求关系中，价格上涨是因，需求上涨是果；价格是自变量，商品需求是函数。因此，要通过价格调整供求，而不是通过供求调整价格。要实现控制商品住宅价格的目标，就不能从控制供给与需求入手，要从影响价格形成的因素入手。

第二，商品住宅市场调控要依赖预期理性化的实现。理性预期、完全市场和普通商品是进行经济学分析、制定经济政策的基石，在这三个前提下，供求规律才能有效发挥作用。我国目前商品住宅的调控政策恰恰就是基于传统经济理论基础上的，通过政策调节市场上的供给和需求，通过供给和需求的变化调节价格。但这种基于供求规律的调控政策在我国商品住宅市场中产生了失灵问题——价格越调越高、市场成交量越来越大。究其原因：一是，商品住宅商品并不是普通商品，而是处于吉芬商品阶段的商品，因此普通商品的供求规律失灵；二是，当前我国商品住宅市场不是完全竞争市场，而是典型的不完全竞争市场，因此供求规律失灵。经济分析的三个前提中，"商品"与"市场"两个前提失灵的背景下，要提高商品住宅价格调控政策的作用效果，就要从"预期"这个前提入手，通过政策实现预期的理性化。

第 5 章

我国商品住宅市场中预期的属性分析

越来越多国内外学者的研究成果表明商品价格的波动很难用包括人口增长、成本增加或者经济基本面的变化来解释，价格走势并不是简单地仅由过去或当前相关经济变量的具体水平决定，还受市场主体对未来相关指标的心理预期影响。因此，本章从预期这一心理层面因素探讨商品住宅价格的变动，从预期管理的视角对我国商品住宅市场价格调控进行分析。

5.1 商品住宅市场中的错配

5.1.1 决策期的错配——时间错配

传统经济学在进行价格与供求关系的经济分析时，是假设当期价格与当期市场供求之间存在相互作用关系的。但是商品住宅市场价格具有市场实时形成的特征，而商品住宅供给和需求的变化是消费者和生产者根据过去市场价格的变化而事后做出的，他们要在现实价格的基础上进行信息搜集、对未来的价格进行判断，这一过程需要考虑时间因素，因此，商品住宅当期价格变化不会导致当期商品住宅市场供需的实时变化，而是会引起下期市场供需的变化。商品住宅市场的需求原理应该是，在其他市场条件不变的情况下，下期商品住宅的市场需求量与当期市场价格呈反方向关系，即：如果商品住宅当期的市场价格越低，那么下期的市场需求量就会越大；而当期的市场价格越高，下期的市场需求量就越小。同样，商品住宅市场的供给原理应是，在其他市场条件不变的情况下，下期商品住宅的市场供给量与当期市场价格之间呈同方向关系，即：下期市场供给量会随着当期市场价格的上升而增加，随当期市场价格的下降而减少。用公式表示如下：

$$D_{n+1} = f(P_n) \qquad (5-1)$$

$$S_{n+1} = f(P_n) \qquad (5-2)$$

其中，S_{n+1} 和 D_{n+1} 分别表示商品住宅第 n+1 期的市场供给量和市场需求量，P_n 表示商品住宅第 n 期的市场价格。这两个公式表示出了商品住宅下期的供给和需求随着当期市场价格的涨跌而发生增减的关系。这揭示了商品住宅市场价格与供需之间存在时间上的错配问题。

5.1.2 价格与供求之间的错配——因果错配

在完全竞争市场中，供求规律要发挥作用需要具备严格的前提条件，在这些条件的作用下，随着商品价格的变动，供给与需求会相应地发生变动。而吉芬商品需求法则告诉我们，吉芬商品的供给和需求都是随着价格的变动而呈正向变动的，价格是因，供求是果，只能通过价格调控供给和需求。目前我国的商品住宅价格调控，更多是通过对供给和需求的调节来实现对价格的调控。可见，我国商品住宅市场价格调控是一种价格与供求之间的本末倒置、因果错配。

5.1.3 以预期解决错配

如前所述，商品住宅未来价格要受到当前价格和经济预期的影响。因此，要调控未来价格，就不仅需要重视当前价格，更要把调控的对象置于预期这个中间变量之上。由于商品住宅的吉芬阶段商品的属性和商品住宅市场主体的有限理性，在我国当前的商品住宅市场中，价格变动是上一个周期发生的，而相应的供求变动却是在下一个周期发生的，即：呈现本期价格的变动与下期供求变动之间的关联。在二者之间起作用的中间变量就是预期，即：预期在本期价格的基础上影响下期供求。

因此，无论当前市场价格是否合理，只要经济预期符合市场，则未来的市场价格就能够合理化。按照这一逻辑，通过构建适合理性预期形成的市场条件，对影响预期的各种因素进行调控，就能够实现商品住宅未来价格的理性回归。由于我国商品住宅市场的不完全性，仅仅依靠市场机制和市场力量实现对预期的自发调节并不现实，因此，当前的首要任务应该是针对影响商品住宅市场预期的各种因素通过政府实现调控。

5.2 商品住宅市场中的异质有限理性预期

5.2.1 商品住宅市场不具备理性预期形成的市场条件

理性预期学派认为：如果存在理性预期，那么政府的经济政策便是无效的。该判断是建立在如下三个假设基础上：第一，价格能够根据市场条件灵活变动；第二，市场主体能够获得用于决策的充分信息；第三，市场主体能够做出合理的决策。也就是说，理性预期学派强调每一个拥有完全信息处理能力的市场主体都能够根据市场价格的变动做出决策，而这种决策都是建立在信息充分对称基础之上的。所以，他们对于市场未来发展的预测都是正确的、无偏的，此时，该预测就是理性预期。在这种前提下,由于市场主体足够理性,因此,政府无需对市场行为进行政策干预、也无法对市场行为进行政策干预,即:政府的任何一项经济政策都是多余的,也是无效的。这一理论观点为新自由主义学派的发展奠定了基础。

然而,理性预期的上述假设在我国商品住宅市场中并不具备,至少体现在以下两个方面:其一,价格并不充分"灵活"的非完全竞争。在我国目前的商品住宅市场中,对于消费者来讲,商品住宅价格具有刚性,甚至具有只涨不跌的刚性。尤其在最近20多年的实践中,无论政府对商品住宅市场的调控理念是刺激还是打压,商品住宅的市场价格总体是呈现向上趋势的,而且涨幅大大超出市场预期。因此,这种价格的单向变动不符合完全竞争的市场条件。其二,消费者难免囿于信息不对称的局限而又必须有所决策。商品住宅行业具有典型的资本密集型和劳动密集型行业特征,并不是一个技术密集型的行业,也就是相比较而言,商品住宅产品的技术含量不高、商品住宅产品的生产过程对于技术的需求也并不高,但即使这样,普通消费者也不具备全面的知识与信息。因此,商品住宅消费体现如下特征:第一,商品住宅行业、商品住宅商品良莠不齐,第二,商品住宅的消费者不具备进行理性决策的前提条件,第三,商品住宅消费需求却是现实而紧迫的。因此,在鱼龙混杂的商品住宅市场中,在不具备充分信息的条件下,消费者又必须做出决策,可想而知,最终的决策与理性决策的结果一定相去甚远。因此,在我国商品住宅市场中存在理性预期失灵的问题。

5.2.2 商品住宅市场中的有限理性预期

基于前文所做分析,有限理性预期现象是指在商品住宅市场中存在着的理性预期失效的问题,有限理性预期的基本特征可概括为:其一,自我复制性。当一种有限理性预期一旦在偶然条件下被证实，这种结果将使市场主体进一步坚定自己的预期，从而实现有限理性预期的自我复制。其二，盲目从众性。对于大多数市场主体而言，他们是缺乏相关知识和经验的，在进行决策时容易被潮流所裹挟，这是市场中一种常见的现象，正是这种特性容易引起社会公众的非理性预期。其三，易传播性。预期在市场主体间易于传播，尤其是有限理性预期更是具有极快的扩散速度，可能在很短时间内就会使一个群体对市场的发展和应采取的对策达成错误共识，甚至会导致局面失控。

在我国商品住宅市场中，有限理性预期是指以消费者为主要观察视角的市场主体在信息不对称情况下，对商品住宅产品价格的未来走势所做出的有限理性判断。有限理性预期可以从以下三个方面进行理解。

（1）基于动物精神的商品住宅市场有限理性预期

动物精神（Animal Spirits）是指在经济行为中，导致人们非理性行为出现的非沉稳的动机、情绪化的本能和非理性的行为，它是与理性的经济动机相对应的一个概念。这一概念最初是由 Keynes 提出的，他认为人们行为决策大多都是自发做出的，要么基于自发乐观主义，要么基于自发悲观主义，但一般都不会基于理性预期。也就是说，人们在进行决策时，并不是通过"量化收益乘以其量化概率的加权平均值"这样的理性分析过程而得出的决策，更多的是来自人们"想要采取行为的自发冲动"——动物精神。这一理论的当代继承者 George A. Akerlof 和 Robert J. Shiller 拓展并深化了动物精神的含义，他们将动物精神从一个略带贬义的词语回归到中性属性，认为动物精神是人类在面对模糊性或不确定性时所表现出来的潜意识。由于这种潜意识所具有的非沉稳性、本能性和非理性的特征，动物精神会导致经济动荡不安和反复无常。

按照现有理论，动物精神的内涵可以概括为三个方面：信心及其乘数、未理顺的机制、货币幻觉。这三个方面在我国商品住宅市场中都有所表现，它们影响着商品住宅市场的运行，导致市场的"非理性繁荣"，其影响逻辑路径如下：第一，信心及其乘数导致价格泡沫。一段时间内商品住宅价格的上升会导致市场主体对商品住宅市场的信心倍增，在信心乘数的作用下，消费者会加大对商品住宅的消费和投资，使商品住宅市场更加繁荣，价格进一步上升，从而催生了商品住宅市场的泡沫。第二，未理顺的机制导致矛盾后移。在商品住宅出现价格泡沫之后，高企的价格带来相关行业的普遍发展和经济的高涨，由于动物精神的情绪化使整个社会对这种发展盲目乐观，这种发展使商品住宅行业的体制、机制问题被暂时缓解，并被繁荣所掩盖。因为这种繁荣是建立在矛盾后移基础上的，不但是一种虚假繁荣，而且还会是一种高风险的繁荣，会对商品住宅市场和经济的未来发展构成巨大的潜在威胁。第三，货币幻觉导致超前消费。货币幻觉是指微观市场主体不能够认清名义货币的实际购买力。在商品住宅市场价格持续性高涨的情况下，消费者会对自己手中持有的货币在未来市场的购买力产生质疑，从而非理性地增加现时的消费和投资，将未来的消费提早。动物精神的三种表现导致在我国商品住宅市场价格走高的情况下，将部分矛盾后移，同时在信心乘数和货币幻觉的作用下，商品住宅价格实现自我增长，这种非理性繁荣往往会超过社会所能承受的真实公平底线，导致社会矛盾层出。

（2）基于羊群效应的商品住宅市场有限理性预期

羊群效应是理性预期失灵的又一种表现。它来源于动物学，根据羊群中的某一只羊总是跟随羊群行动的现象总结出来的。在经济学中，一旦微观经济主体的偏好受到了群体偏好的影响，其决策就会基于群体偏好做出，而不再按照自身偏好做出，这种从众思想或行动就是羊群效应，亦可称之为"从众效应"。该效应会导致微观主体的决策对"理性"的偏离。在我国某些地区的商品住宅市场中，价格居高不下、越调越高的现象背后有炒房团的推动作用，这些炒房团可以看作是羊群，每一个普通消费者就是单个的羊，普通消费者在做出购房决定的时候，从众心理就会起作用，他们会跟随炒房团这个羊群做出的决策而决策，从而产生有限理性预期的现象。

（3）基于反身理论、"王庆悖论"的商品住宅市场有限理性预期

反身理论是由 George Soros 提出的，这一理论是指市场信息能够影响市场主体的预期，同时投资者对市场的预期也能通过市场信息反过来影响、改变市场未来的走势。二者之间这种相互影响的机制会一直持续。由于市场信息和预期始终处于变动之中，市场主体永远都不可能掌握所有的信息，其所做出的决策也就一定会偏离理性。"王庆悖论"是指在经济发展中，社会对未来经济发展预期越是乐观，就越容易引起市场资产价格的泡沫化，从而导致经济发展的乐观预期反而无法实现。这主要是因为在收益现值法下，资产的价格是该项资产未来收益的折现，如果预计经济未来的发展前景良好，那么当前资产的现值或价格就会提高。由于中国经济良好的发展态势，中国经济未来发展前景普遍被看好，商品住宅未来的价值就会相应看涨。通过价值折现，商品住宅这种看涨的价值会在短期内推高现实市场中的价格，形成资产价格的泡沫化，产生有限理性预期行为，从而阻碍经济的正常发展，陷入发展的"悖论"。

在商品住宅市场中，不对称信息和不真实交易信息会影响消费者的行为偏好，导致消费者无法实现完全理性，对价格的预期产生偏差，从而产生有限理性消费。因此，商品住宅市场中的有限理性交易类型包括基于不对称交易信息的有限理性交易和基于不真实交易信息的有限理性交易两种：其一，基于不对称交易信息的有限理性交易。当前我国商品住宅市场供需双方之间呈现明显的信息不对称。以商品住宅开发商和中介机构为代表的市场供给方在市场中占据信息优势，而消费者等市场需求方获取信息的途径十分有限，其信息来源通常源于中介机构、开发商、专家以及市场中其他消费者，同时消费者对信息收集和处理能力方面也处于劣势。因此，处于信息劣势消费者的购买行为就属于有限理性交易行为。其二，基于不真实交易信息的有限理性交易。在商品住宅市场中，有限理性交易还会源自不真实的信息源，例如：媒体与专家的误导、其他消费者的行为干扰等，这些不真实的信息会给消费者错误的引导，干扰消费者做出正确的预期判断，产生有限理性交易。

综上，有限理性预期对商品住宅价格的影响如图5-1所示。

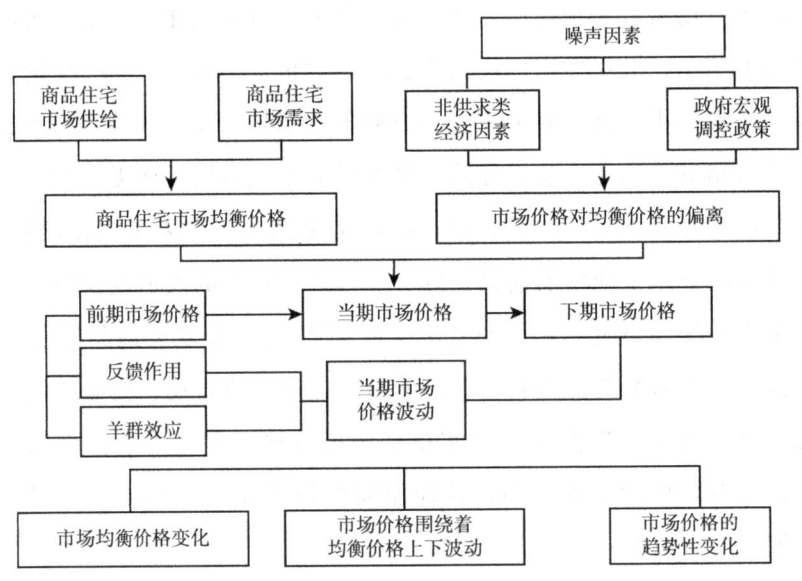

图 5-1 有限理性预期对商品住宅价格的影响路径

从图5-1可以看出，有限理性预期对商品住宅价格的影响主要通过以下三条路径：其一，供需关系路径。有限理性预期通过影响商品住宅市场中的供给和需求关系，产生新的均衡价格，这一新均衡价格与原均衡价格之间会存在一定的偏离；其二，非供求类经济因素和宏观调控政策路径。有限理性预期还会通过商品住宅市场中非供求类经济因素和宏观调控政策等渠道，在羊群效应和反馈作用的共同的影响下，使商品住宅价格进一步偏离均衡价格；其三，惯性路径。偏离理性的商品住宅价格本身还具有延续波动趋势的惯性，助长商品住宅市场价格持续波动的现象。

5.2.3 商品住宅市场中的异质性预期

单个市场主体的预期不仅分散、影响力有限，同时还具有异质性特征，这种异质性的产生是因为每个市场主体预期的形成都受制于个体市场信息的获取能力和市场信息的解读能力，而不同市场主体在这两方面都存在差异：一方面，从市场信息的获取能力看，信息不对称普遍存在于商品住宅市场的各个方面，总会存在获得信息更早或获得信息更多的个别市场主体，这些拥有信息优势的个体就可以及时调整预期、提前做出市场反应；而其他市场参与者只能通过与他人的接触和对公开信息的解读逐渐做出反应，其预期的形成和调整会较晚；另一方面，从市场信息的解读能力看，各个市场参与主体解读信息的视角、方法和能力更是千差万别，解读能力强的主体能够迅速形成或者调整预期，而解读能力差的往往会慢人一步，甚至会形成错误的预期。这都会导致商品住宅市场中各经济主体之间预期的异质性。

受制于动用资源能力的有限性，商品住宅市场中每一个异质性的单个市场主体都不能对市场产生太大的影响效果，只有单个异质性预期整合成市场大多数参与主体的预期时，才能够形成影响商品住宅市场运行的力量，这一过程主要通过以下两种预期集聚整合机制来实现。

（1）主体间异质预期的集聚整合机制

商品住宅市场中，存在着一个由单个市场参与者的预期集聚、整合成市场整体预期的传导链条，在这个链条中，每个市场参与主体的预期能够通过传播和复制的方式在整个市场中扩散。在现代信息技术和互联网手段日益发达的背景下,预期传播变得更为顺畅无阻。这样,原本分散在市场中的单个主体的异质性预期就会通过信息的交流和传播形成整个市场的共同预期。共同预期的影响作用能够通过各个市场主体的消费和投资行为表现出来,进而对市场产生影响。

在商品住宅市场价格涨跌不定的情况下,市场主体之间的预期是异质性的——有的持有价格上涨预期,有的持有价格下跌预期。此时,如果市场上开始传播一条关于住宅供应紧张的市场信息,辅之以不断涌现的排队摇号、交费购买等营销策略,消费者和投资者的紧张情绪就会加重,价格上涨预期就会不断复制和传播,诱导更多的市场主体采取购买行为。随着市场供求形势的变动,市场参与者的预期又开始经历"分化—传播—整合"的新一轮调整,直到同质性预期再次形成。

(2) 地区间异质预期的集聚整合机制

预期的集聚整合机制不仅存在于个体之间,也存在于地区之间。尤其随着经济社会的发展,人口、资本等要素的流动性增强,使得不同地区甚至不同国家间的经济社会发展越来越表现出趋同性。某个地区的经济发展会影响到其他地区,同时也会受到其他地区经济社会发展的影响。在商品住宅领域也存在这种地区间预期的集聚整合机制,具体如图5-2所示。

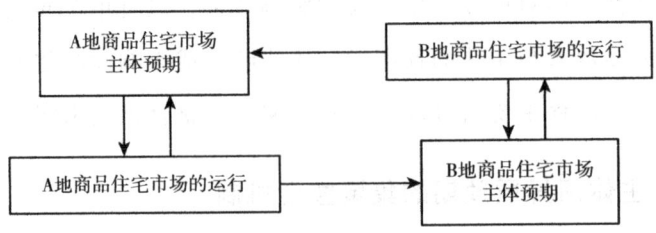

图5-2 地区间异质预期的集聚整合机制简图

图 5-2 将市场简化为 A 地商品住宅市场和 B 地商品住宅市场，这是两个互相联系又各不相同的市场；将商品住宅市场主体简化为 A 地商品住宅市场主体和 B 地商品住宅市场主体，这是两个相互独立又相互联系的市场主体。图 5-2 表现了经济预期在 A、B 两个不同地区之间的传导机制。以 A 地商品住宅市场为例，可以看出：A 地商品住宅市场参与者在形成对 A 地商品住宅市场价格的预期时会考虑两方面的因素：第一，A 地商品住宅市场自身的运行情况；第二，B 地商品住宅市场的运行状况。其中 A 地商品住宅市场自身情况对 A 地商品住宅市场主体预期的影响是直接的，而 B 地商品住宅市场的运行状况会通过信息传导，促使 A 地商品住宅市场参与者改变对 A 地商品住宅市场的预期。同理，B 地商品住宅市场参与者亦会如此。

由于 A、B 两地之间存在经济联系，当 B 地商品住宅市场价格上涨时，A 地商品住宅市场的参与者在获得这个信息后就会对 A 地商品住宅市场的价格发展做出上涨的预期；同理，B 地商品住宅市场参与者在形成对 B 地商品住宅市场的预期时也会充分考虑到 A 地商品住宅市场的运行。总之，基于 A、B 两地之间存在信息媒介和经济联系这两个基本事实，两地的商品住宅市场主体会不断调整各自的预期，直到各自的预期都能够充分反映 A、B 两个地区商品住宅市场的运行状况。

预期在不同市场间的传导速度在很大程度上由市场主体（尤其是潜在市场主体）对市场的参与度和信息传递的顺畅度决定。其中：某个地区商品住宅市场开放程度越高，市场的参与度就会越高；交易越透明，信息传递就越流畅，不同市场间预期的集聚整合就越便利，预期就越能够趋同。

综合前文所述，我国商品住宅市场中存在的预期类型属于异质有限理性预期。

5.2.4 异质有限理性预期与政府调控

市场能够稳定运转、有效运转的重要前提是个体的经济自律和整体的市场约束。一方面，就单个市场主体而言，他们在进行经济决策时，都会受到其所能支配的经济资源总量——预算约束线的刚性约束。个体可支配的经济资源包括法属经济资源和借入的经济资源两部分，其中：法属经济资源是指按照法律规定有权支配的经济资源，借入的经济资源与法属经济资源不同，它需要以未来的法属经济资源进行偿还，也就是说今天借入的经济资源实际上是未来的法属经济资源，它是法属经济资源在时间上的调整。市场主体在资源有限的硬约束条件下被迫决策时，通常会按照经济原则进行自我约束、审慎决策，尽可能避免资源运用失败而消耗其法属经济资源，这种现象被称为经济自律。另一方面，就市场整体而言，每一个市场主体的决策除了要进行经济自律之外，还会受到其他个体或群体的反制，这种现象被称为市场约束。市场约束的手段主要是价格，市场通过价格的涨跌来对市场主体的行为进行约束，实现各方力量的动态均衡。

经济自律和市场约束为市场提供了自稳定、自平衡的调节机制。然而，一旦存在异质有限理性预期，市场主体的理性预期就会失灵，其对于自身未来的发展会产生盲目乐观或盲目悲观的情绪，这种情绪会影响其对于自己使用未来法属经济资源的判断，从而直接影响其对借入经济资源的判断，导致预算约束线的上移或下移，最终导致经济自律和市场约束的失灵。

由于我国商品住宅市场存在大量的异质有限理性预期，经济自律失灵与市场约束失灵现象大量存在。例如：商品住宅开发企业有权占用或低成本占用农民、拆迁户的土地资源，这将造成成本约束失效，从而导致商品住宅供给方经济自律失灵和市场约束失灵。具体原因分析如下：其一，从开发企业看，由于土地使用权的价格相对低廉，占有土地资源的开发企业在资源运用过程中不具备基于自律的审慎性，土地资源运用效率降低，系统发展成本加大；其二，从住宅市场看，前述行为将导致基于经济自律和市场约束的自稳定、自平衡调节机制无法形成，商品住宅市场失稳。同理，当前我国商品住宅市场中的消费者对于未来住宅价格持续走高的预期，也会导致商品住宅需求方经济自律和市场约束的失灵。当商品住宅市场未建立有效的经济自律和市场约束机制，或者原有的经济自律和市场约束机制被打破后，整个市场将缺失审慎运用经济资源的基础和前提，无法形成有效的市场约束，整个系统的自稳定、自均衡调节机制将会缺失。

同时，异质性预期与有限理性预期的相互强化，将导致我国商品住宅市场演变成"柠檬"市场①。我国商品住宅市场同样出现了"逆向选择"问题，这一问题进一步导致经济自律和市场约束丧失，进而破坏市场的自稳定和自平衡。这是市场调节失灵的表现，需要政府调控的介入。

在政府调控方面，一段时间以来，理性预期学派主导的"政策无效论"和"时间不一致性"理论占据主导地位。政策无效论指当政府与社会公众都能够进行理性预期的情况下，公众对于政府政策的出台时间、政策类型、政策内容等都会产生完全理性的预期，因此当政策真正颁布实施时，由于公众早已形成了预期，政策则不会对市场造成任何影响，亦即政策无用；时间不一致性理论指在政策无用论的前提下，要提高政策的有效性就要提高政策的"突然性"，尤其在政策颁布与实施的时间上，要与社会的预期时间不一致，才能提高政策的效果。因此，经

---

① 在美国的俚语中，Lemon 一词特指"次品"或不中用的物品。George A. Akerlof（1970）以 Lemon 指代次品、以 Lemon Market 指代次品市场。他指出由于市场中总是存在"柠檬"，而同时买家和卖家在商品信息方面的非对称性，导致交易的主动权和决定权由买方转向了卖方，而卖方会主动降低商品质量以求得更大的收益，于是商品市场会出现"逆向选择"现象，市场中商品质量趋于下降，市场规模缩小。

济理论界普遍认为"只有不能被预测到的经济政策才有效"。为了保持政策不被预测到，20世纪90年代以前各国在预期管理方面都坚持无为而治，尽量保持经济政策的不透明，不与公众进行沟通交流，从而保证政策在公众的预期之外。但随着全球化和信息技术的加快发展，宏观经济决策者和微观经济主体之间的信息联系日益密切，微观主体搜集信息的能力、对信息处理的能力也在不断增强。单纯依靠信息保密的做法已经不能够保证政策的有用性，因此，在进行政策调控时，政府要接受并承认公众的预期，通过主动的预期管理，使得公众预期对宏观经济和政策行动的影响维持在政府能够接受的范围内。

5.3 异质有限理性预期对商品住宅市场政策效果影响的模型分析

5.3.1 商品住宅价格变动模型的建立

假设商品住宅市场中存在三类不同的具有异质有限理性预期的市场交易者甲、乙和丙，三者对市场价格的预期方式如下：

(1) 当商品住宅市场中出现调控政策 σ 时

$$P_i^t = P_{t-1} \pm \sigma \times \rho_i$$

$$i = 甲、乙、丙 \tag{5-3}$$

其中，P_i^t 为交易者 i 对 t 时期商品住宅市场成交价格的预期，P_{t-1} 为第 t-1 时期商品住宅市场的实际成交价格。ρ_i 为交易者的预期系数,系数的大小与消费者对商品住宅市场的乐观程度正相关,为便于论述,假设三个交易者都持有乐观预期,即 $\rho_甲$,$\rho_乙$,$\rho_丙$ 都大于 0,且满足以下关系:

$$\rho_甲 = 3\rho \quad (5-4)$$

$$\rho_乙 = 2\rho \quad (5-5)$$

$$\rho_丙 = \rho \quad (5-6)$$

(2) 当商品住宅市场中不存在政府政策调控时

假定各个交易者进行外推型预期,即:根据上期价格的波动值来预测本期商品住宅的预期价格,公式如下:

$$P_i^t = P_{t-1} + (P_{t-1} - P_{t-2}) \times \rho_i$$

$$i = 甲、乙、丙 \quad (5-7)$$

(3) 在根据既有市场信息计算出本期的预期价格后

交易者通过比较本期价格的预期值与实际值之间的差值来决定商品住宅的买入数量。交易者各方的商品住宅需求函数如下:

$$D_i^t = (P_i^t - P_i) \times \lambda_i$$

$$i = 甲、乙、丙 \quad (5-8)$$

其中,D_i^t 表示消费者 i 在 t 期的住宅需求量;λ_i 为买入系数,反映消费者的购买能力。

最终,市场满足出清条件为:

$$D_甲^t + D_乙^t + D_丙^t = 0 \quad (5-9)$$

5.3.2 模型推导

(1) 在 t=0 阶段

在这一阶段,根据市场出清条件公式,有以下等式成立:

$$(P_{甲}^0 - P_0) \times \lambda_{甲} + (P_{乙}^0 - P_0) \times \lambda_{乙} + (P_{丙}^0 - P_0) \times \lambda_{丙} = 0 \qquad (5-10)$$

根据等式，可求得：

$$P_0 = \frac{P_{甲}^0 \times \lambda_{甲} + P_{乙}^0 \times \lambda_{乙} + P_{丙}^0 \times \lambda_{丙}}{\lambda_{甲} + \lambda_{乙} + \lambda_{丙}} \qquad (5-11)$$

再根据需求函数：$D_i^t = (P_i^t - P_i) \times \lambda_i$，计算出交易者甲的成交量为：

$$D_{甲}^0 = (P_{甲}^0 - P_{甲}) \times \lambda_{甲}$$

$$= (P_{甲}^0 - \frac{P_{甲}^0 \times \lambda_{甲} + P_{乙}^0 \times \lambda_{乙} + P_{丙}^0 \times \lambda_{丙}}{\lambda_{甲} + \lambda_{乙} + \lambda_{丙}}) \times \lambda_{甲}$$

$$= \frac{(P_{甲}^0 - P_{乙}^0) \times \lambda_{乙} + (P_{甲}^0 - P_{丙}^0) \times \lambda_{丙}}{\lambda_{甲} + \lambda_{乙} + \lambda_{丙}} \times \lambda_{甲} \qquad (5-12)$$

同理，得到交易者乙和丙的成交量 $D_{乙}^0$ 和 $D_{丙}^0$，如下：

$$D_{乙}^0 = \frac{(P_{乙}^0 - P_{甲}^0) \times \lambda_{甲} + (P_{乙}^0 - P_{丙}^0) \times \lambda_{丙}}{\lambda_{甲} + \lambda_{乙} + \lambda_{丙}} \times \lambda_{乙} \qquad (5-13)$$

$$D_{丙}^0 = \frac{(P_{丙}^0 - P_{甲}^0) \times \lambda_{甲} + (P_{丙}^0 - P_{乙}^0) \times \lambda_{乙}}{\lambda_{甲} + \lambda_{乙} + \lambda_{丙}} \times \lambda_{丙} \qquad (5-14)$$

(2) 在 t = 1 阶段

在这一期间，假设政府为商品住宅市场出台了积极的调控政策 σ_1，此时市场主体甲、乙、丙各方对市场的预期价格如下：

$$P_{甲}^1 = P_0 + \sigma_1 \times \rho_{甲} \qquad (5-15)$$

$$P_{乙}^1 = P_0 + \sigma_1 \times \rho_{乙} \qquad (5-16)$$

$$P_{丙}^1 = P_0 + \sigma_1 \times \rho_{丙} \qquad (5-17)$$

根据市场出清条件可得到下式：

$$(P_{甲}^1 - P_1) \times \lambda_{甲} + (P_{乙}^1 - P_1) \times \lambda_{乙} + (P_{丙}^1 - P_1) \times \lambda_{丙} = 0 \qquad (5-18)$$

求得 P_1：

$$P_1 = \frac{P_{甲}^1 \times \lambda_{甲} + P_{乙}^1 \times \lambda_{乙} + P_{丙}^1 \times \lambda_{丙}}{\lambda_{甲} + \lambda_{乙} + \lambda_{丙}} \qquad (5-19)$$

因为政策为积极的调控政策,由公式 $P_i^t = P_{t-1} \pm \sigma \times \rho_i$,求得:

$$P_1 = P_0 \pm \sigma \times f \tag{5-20}$$

其中,

$$f = \frac{\rho_甲 \times \lambda_甲 + \rho_乙 \times \lambda_乙 + \rho_丙 \times \lambda_丙}{\lambda_甲 + \lambda_乙 + \lambda_丙} \tag{5-21}$$

f 可以看作是商品住宅市场中甲、乙、丙各交易方的"整体预期系数"。

此时,市场交易方甲、乙、丙各自的成交量为:

$$D_甲^1 = \frac{\lambda_乙 + 2 \times \lambda_丙}{\lambda_甲 + \lambda_乙 + \lambda_丙} \times \lambda_甲 \times \sigma_1 \times \rho \tag{5-22}$$

$$D_乙^1 = \frac{\lambda_丙 - \lambda_甲}{\lambda_甲 + \lambda_乙 + \lambda_丙} \times \lambda_乙 \times \sigma_1 \times \rho \tag{5-23}$$

$$D_丙^1 = -\frac{\lambda_乙 + 2 \times \lambda_甲}{\lambda_甲 + \lambda_乙 + \lambda_丙} \times \lambda_丙 \times \sigma_1 \times \rho \tag{5-24}$$

(3) 在 t = 2 阶段

在这一阶段,交易者根据 t = 1 阶段的价格波动值来预测本期的商品住宅市场交易价格,甲、乙、丙的市场价格预期分别为:

$$P_甲^2 = P_1 + (P_1 - P_0) \times \rho_甲 \tag{5-25}$$

$$P_乙^2 = P_1 + (P_1 - P_0) \times \rho_乙 \tag{5-26}$$

$$P_丙^2 = P_1 + (P_1 - P_0) \times \rho_丙 \tag{5-27}$$

根据市场出清条件公式,可求得 P_2:

$$P_2 = P_1 + \sigma_1 \times f^2 \tag{5-28}$$

此时甲、乙、丙各方的成交量分别为:

$$D_甲^2 = \frac{\lambda_乙 + 2 \times \lambda_丙}{\lambda_甲 + \lambda_乙 + \lambda_丙} \times \sigma_1 \times f \times \lambda_甲 \times \rho \tag{5-29}$$

$$D_乙^2 = \frac{\lambda_丙 - \lambda_甲}{\lambda_甲 + \lambda_乙 + \lambda_丙} \times \sigma_1 \times f \times \lambda_乙 \times \rho \tag{5-30}$$

$$D_丙^2 = -\frac{2 \times \lambda_甲 + \lambda_乙}{\lambda_甲 + \lambda_乙 + \lambda_丙} \times \sigma_1 \times f \times \lambda_丙 \times \rho \qquad (5-31)$$

(4) 在 $2 < t \leq T-1$ 阶段

在这一阶段，交易者根据上一期价格的波动值来预测本期的商品住宅市场交易价格，根据市场出清条件公式，可求得：

$$P_t = P_0 + \sigma_1 \times \frac{1-f^t}{1-f} \qquad (5-32)$$

此时，甲、乙、丙各方的成交量分别为：

$$D_甲^t = \frac{\lambda_乙 + 2 \times \lambda_丙}{\lambda_甲 + \lambda_乙 + \lambda_丙} \times \lambda_甲 \times \sigma_1 \times \rho \times f^{t-1} \qquad (5-33)$$

$$D_乙^t = \frac{\lambda_丙 - \lambda_甲}{\lambda_甲 + \lambda_乙 + \lambda_丙} \times \lambda_乙 \times \sigma_1 \times \rho \times f^{t-1} \qquad (5-34)$$

$$D_丙^t = -\frac{2\lambda_甲 + \lambda_乙}{\lambda_甲 + \lambda_乙 + \lambda_丙} \times \lambda_丙 \times \sigma_1 \times \rho \times f^{t-1} \qquad (5-35)$$

(5) 在 $t = T$ 阶段

在第 T 阶段，假设商品住宅市场上出现了另外的抑制性宏观调控政策 σ_2，针对三个市场交易者甲、乙、丙受到政策影响的不同情况，分别讨论如下：

第一，假定政策使其中一个交易者丙对市场产生悲观预期，而另两个交易者甲和乙仍对市场持有乐观预期，此时甲、乙、丙各方的预期价格分别为：

$$P_甲^T = P_{T-1} + (P_{T-1} - P_{T-2}) \times \rho_甲 \qquad (5-36)$$

$$P_乙^T = P_{T-1} + (P_{T-1} - P_{T-2}) \times \rho_乙 \qquad (5-37)$$

$$P_丙^T = P_{T-1} - \sigma_2 \times \rho_丙 \qquad (5-38)$$

根据市场出清条件公式，得到：

$$P_T = P_{T-1} + \frac{\sigma_1 \times f^{T-1} \times (3\lambda_甲 + 2\lambda_乙) - \sigma_2 \times \rho_丙}{\lambda_甲 + \lambda_乙 + \lambda_丙} \times \rho \qquad (5-39)$$

此时，甲、乙、丙各方的成交量分别为：

$$D_{甲}^{T} = \frac{\sigma_1 \times f^{T-1} \times \lambda_{乙} \times (3 \times \sigma_1 \times f^{T-1} + \sigma_2) \times \lambda_{丙}}{\lambda_{甲} + \lambda_{乙} + \lambda_{丙}} \times \lambda_a \times \rho \quad (5-40)$$

$$D_{乙}^{T} = \frac{\sigma_1 \times f^{T-1} \times (2\lambda_{丙} - \lambda_{甲}) + \sigma_2 \times \lambda_{丙}}{\lambda_{甲} + \lambda_{乙} + \lambda_{丙}} \times \lambda_b \times \rho \quad (5-41)$$

$$D_{丙}^{T} = -\frac{(\sigma_2 + 3 \times \sigma_1 \times f^{T-1}) \times \lambda_{甲} + (\sigma_2 + 2\sigma_1 f^{T-1}) \times \lambda_{乙}}{\lambda_{甲} + \lambda_{乙} + \lambda_{丙}} \times \lambda_{丙} \times \rho$$

$$(5-42)$$

由上述推导结果可知：

其一，关于市场价格变动问题。第 T 期价格 P_t 在第 T-1 期价格 P_{T-1} 的基础上增加了 $\frac{\sigma_1 \times f^{T-1} \times (3 \times \lambda_{甲} + 2 \times \lambda_{乙}) - \sigma_2 \times \rho_{丙}}{\lambda_{甲} + \lambda_{乙} + \lambda_{丙}} \times \rho$。如果 $\sigma_2 < \sigma_1 \times \frac{3 \times \lambda_{甲} + 2 \times \lambda_{乙}}{\lambda_c} \times f^{T-1}$，则市场价格将继续上涨；若相反，则市场价格将转为下降。

其二，关于政策力度问题。若 f>1，随着时间的推移，$\sigma_1 \times \frac{3 \times \lambda_{甲} + 2 \times \lambda_{乙}}{\lambda_c} \times f^{T-1}$ 的值将迅速增大，此时只有抑制性政策 σ_2 足够大，才能促使商品住宅价格转为下降，否则商品住宅市场成交价格将会呈现加速上升的非理性繁荣状态。

其三，关于交易行为问题。第 T 期的市场表现为交易者甲选择买入、交易者丙选择卖出。但随着时间的延长，当 f<1 时，交易者乙将越来越倾向于选择买入策略，当 f>1 时，交易者乙则越来越可能倾向于选择卖出策略。

其四，关于成交量问题。当 f<1 时，交易者甲、乙、丙的市场成交量将分别收敛于 $\frac{\sigma_2 \times \lambda_{丙} \times \lambda_{甲} \times \rho}{\lambda_{甲} + \lambda_{乙} + \lambda_{丙}}$、$\frac{\sigma_2 \times \lambda_{丙} \times \lambda_{乙} \times \rho}{\lambda_{甲} + \lambda_{乙} + \lambda_{丙}}$ 与 $-\frac{\sigma_2 \times (\lambda_{甲} + \lambda_{乙}) \times \lambda_{丙} \times \rho}{\lambda_{甲} + \lambda_{乙} + \lambda_{丙}}$；当 f>1 时，各主体的成交量将不断发散，呈现加速放大的态势。

第二，假定政府政策导致两个交易者乙和丙产生悲观的市场预期，而交易者甲仍对价格持有乐观预期，此时三者的预期价格如下：

$$P_{甲}^{T} = P_{T-1} + (P_{T-1} - P_{T-2}) \times \rho_{甲} \tag{5-43}$$

$$P_{乙}^{T} = P_{T-1} - \sigma_2 \times \rho_{乙} \tag{5-44}$$

$$P_{丙}^{T} = P_{T-1} - \sigma_2 \times \rho_{丙} \tag{5-45}$$

根据市场出清条件公式，可推导出如下价格公式：

$$P_T = P_{T-1} + \frac{3\sigma_1 \lambda_{甲} f^{T-1} - \sigma_2(2\lambda_{乙} + \lambda_{丙})}{\lambda_{甲} + \lambda_{乙} + \lambda_{丙}} \times \rho \tag{5-46}$$

此时，交易各方的成交量分别为：

$$D_{甲}^{T} = \frac{3\sigma_1 f^{T-1}(\lambda_{乙} + \lambda_{丙}) + \sigma_2(\lambda_{丙} + 2\lambda_{乙})}{\lambda_{甲} + \lambda_{乙} + \lambda_{丙}} \times \lambda_{甲} \rho \tag{5-47}$$

$$D_{乙}^{T} = -\frac{3\sigma_1 f^{T-1}\lambda_{甲} + \sigma_2(\lambda_{丙} + 2\lambda_{甲})}{\lambda_{甲} + \lambda_{乙} + \lambda_{丙}} \times \lambda_{乙} \rho \tag{5-48}$$

$$D_{丙}^{T} = \frac{(\lambda_{乙} - \lambda_{甲}) \times \sigma_2 - 3\sigma_1 f^{T-1}\lambda_{甲}}{\lambda_{甲} + \lambda_{乙} + \lambda_{丙}} \times \lambda_{丙} \rho \tag{5-49}$$

由上述推导结果可知：

其一，关于价格问题。第 T 阶段的价格 P_t 在 T-1 阶段价格 P_{t-1} 的基础调整了 $\frac{3\sigma_1 f^{T-1}\lambda_a - \sigma_2(2\lambda_b + \lambda_c)}{\lambda_{甲} + \lambda_{乙} + \lambda_{丙}} \times \rho$。如果 $\sigma_2 < \sigma_1 \times \frac{3\lambda_a}{2 \times \lambda_b + \lambda_c} \times f^{T-1}$，则市场价格将持续上涨；若 $\sigma_2 > \sigma_1 \times \frac{3\lambda_a}{2 \times \lambda_b + \lambda_c} \times f^{T-1}$，则商品住宅市场价格将转为下跌。

其二，在政策力度方面。当 $f > 1$ 时，随着政策的实施，$\sigma_1 \times \frac{3\lambda_a}{2 \times \lambda_b + \lambda_c} \times f^{T-1}$ 的值将逐渐增大，此时只有新的政府政策 σ_2 的力度足够大，才能促使商品住宅市场价格转为下跌，否则商品住宅市场成交价格的增速将逐渐加快。

此外，在该种情况下，临界值 $\sigma_1 \times \frac{3\lambda_a}{2 \times \lambda_b + \lambda_c} \times f^{T-1}$ 明显小于只有一

个交易者丙对政策抱有悲观预期时的临界值 $\sigma_1 \times \dfrac{3\lambda_a + 2\lambda_b}{\lambda_c} \times f^{T-1}$，这表明相信政府政策有效性的群体越多，政府政策真正有效的可能性就会越大。

其三，在交易行为方面。在交易行为的选择方面，交易者甲选择买入策略，而交易者乙选择卖出策略。当 f>1 时，随着政策的实施，交易者丙将越来越可能选择买入的策略。

其四，在成交量方面。当 f<1 时，交易者甲、乙、丙的成交量将分别收敛于 $\dfrac{\sigma_2(\lambda_c + 2\lambda_b)}{\lambda_甲 + \lambda_乙 + \lambda_丙} \times \lambda_a \times \rho$、$-\dfrac{\sigma_2(\lambda_c + 2\lambda_a)}{\lambda_甲 + \lambda_乙 + \lambda_丙} \times \lambda_b \times \rho$ 和 $\dfrac{(\lambda_b - \lambda_a)\sigma_2}{\lambda_甲 + \lambda_乙 + \lambda_丙} \times \lambda_c \times \rho$；当 f>1 时，市场成交量将随着政策的实施呈现加速放大的态势。

第三，假定政府政策导致甲、乙、丙三个交易者都产生悲观的市场预期，此时甲、乙、丙各方的价格预期如下：

$$P_甲^T = P_{T-1} - \sigma_2 \rho_甲 \tag{5-50}$$

$$P_乙^T = P_{T-1} - \sigma_2 \rho_乙 \tag{5-51}$$

$$P_丙^T = P_{T-1} - \sigma_2 \rho_丙 \tag{5-52}$$

根据市场出清的条件公式，可推导得：

$$P_T = P_{T-1} - \sigma_2 f \tag{5-53}$$

此时，甲、乙、丙交易三方的成交量分别为：

$$D_甲^T = -\dfrac{\lambda_乙 + 2\lambda_丙}{\lambda_甲 + \lambda_乙 + \lambda_丙} \times \sigma_2 \lambda_甲 \rho \tag{5-54}$$

$$D_乙^T = -\dfrac{\lambda_甲 + \lambda_丙}{\lambda_甲 + \lambda_乙 + \lambda_丙} \times \sigma_2 \lambda_乙 \rho \tag{5-55}$$

$$D_丙^T = \dfrac{\lambda_乙 + 2\lambda_甲}{\lambda_甲 + \lambda_乙 + \lambda_丙} \times \sigma_2 \lambda_丙 \rho \tag{5-56}$$

此时市场价格由上涨转为下跌，交易者甲和乙选择卖出，交易者丙选择买入。

5.3.3 结论

政府政策对市场起到了初始推动作用,在没有后续政策影响的情况下,政府政策对商品住宅市场的影响取决于市场整体预期系数 f 的大小。具体来讲:

第一,当 f<1 时:此时商品住宅的市场预期整体趋于保守,当政府的利好政策颁布实施后,市场价格将表现为上涨,但上涨的速度将逐渐趋缓,最终收敛于一个固定值;而商品住宅市场的成交量也呈现出逐渐下降的趋势,直至变为 0。此时政策对市场的影响已被市场充分消化。

第二,当 f>1 时:此时商品住宅的市场预期整体趋于乐观,政府的利好政策颁布实施后,政策的影响力将随着市场的"正反馈"效应而不断加强,市场价格将表现为上涨,而且上涨速度将日趋加快;同时,市场交易量也会不断增大。这种情况下,如果不能及时制止这种发展趋势,商品住宅市场将进入一种非理性的繁荣阶段,呈现出泡沫化的态势。

5.4 本章小结

预期概念源自心理学,是指人们对于未来的预测并期待未来能够按照自己的预测结果而发生的一种社会心理现象。它通过信息输入、处和输出等步骤形成，通过价格上涨预期和下跌预期而影响市场。我国商品住宅市场中的预期是典型的异质有限理性预期，这种预期源自动物精神、羊群效应和反身理论、"王庆悖论"，并通过供求关系、非供求类经济因素和宏观调控政策、惯性路径等对商品住宅价格产生影响，从而导致经济自律和市场约束失灵。我国商品住宅市场中呈现本期价格变动与下期供需变动之间的关系错配，在二者间起作用的中间变量就是预期，即：预期通过影响本期价格而影响下期供求。因此，商品住宅市场要由供求调控调整为预期管理，通过综合手段抑制提前消费和过度消费，实现对商品住宅市场价格的调控。

第6章

异质有限理性预期与我国
商品住宅价格关系的分析

异质有限理性预期是我国商品住宅市场中的客观存在，而在我国商品住宅价格调控中却长期缺乏对预期的重视。本章分别应用博弈法对商品住宅市场进行静态贝叶斯博弈分析，应用双对数线性计量模型对我国商品住宅市场进行实证分析，验证异质有限理性预期与我国商品住宅价格之间存在的关系。

6.1 异质有限理性预期下商品住宅市场中的博弈分析

6.1.1 消费者和商品住宅开发企业之间的行为博弈

为探讨消费者与商品住宅开发企业之间的博弈关系，现做如下五点假设：

假设一：假定整个商品住宅市场上有且只有一个消费者或一群偏好相同的消费者，同时只有一家开发企业；

假设二：博弈的双方分别是商品住宅开发企业和商品住宅的消费者，而且双方各自具备完全的信息处理能力；

假设三：假定商品住宅的市场信息不对称，其中：开发企业具备信息优势，在商品住宅的建造成本、工程质量、使用状况、增值潜力等方面掌握全部的显性和隐性信息，而消费者却只了解显性信息中的一部分；

假设四：假定商品住宅开发企业的心理估价是 P_s，消费者的心理估价是 P_b，卖方的预期售价是 C_s，买方的预期买价是 C_b，且 C_s 和 C_b

在区间 [0, 1] 上服从均匀分布，P 表示分布函数；

假设五：假定此博弈过程遵循线性价格策略的静态贝叶斯博弈。

在开发企业和消费者博弈的过程中，$[P_s \times (C_s), P_b \times (C_b)]$ 是一个静态贝叶斯纳什均衡，这需要满足卖者最优和买者最优，即：

$$\max_{P_s} \left\{ \frac{1}{2}(P_s + E[P_b(C_b) | P_b(C_b) | \geq P_s]) - C_s \right\} P\{P_b(C_b) \geq P_s\} \tag{6-1}$$

$$\max_{P_s} \left\{ C_b - \frac{1}{2}(P_b + E[P_s(C_s) | P_b \geq P_s(C_s)]) \right\} P\{P_b \geq P_s(C_s)\} \tag{6-2}$$

为了便于分析同时也为了提高策略的有效性，现假设开发企业和消费者双方的价格策略都是线性的而且是均衡的，即：

$$P_s(C_s) = \alpha_s + \beta_s C_s \tag{6-3}$$

$$P_b(C_b) = \alpha_b + \beta_b C_b \tag{6-4}$$

因为 C_b 符合在 [0,1] 区间上的均匀分布，因此，P_b 在 $[\alpha_b, \alpha_b + \beta_b]$ 这一区间上也必然符合均匀分布，进一步推出以下公式：

$$P\{P_b(C_b) \geq P_s\} = P\{\alpha_b + \beta_b C_b \geq P_s\} = P\left\{C_b \geq \frac{P_s - \alpha_b}{\beta_b}\right\} = \frac{\alpha_b + \beta_b - P_s}{\beta_b} \tag{6-5}$$

$$E[P_b(C_b) | P_b(C_b) \geq P_s] = \frac{1}{2}(P_s + \alpha_b + \beta_b) \tag{6-6}$$

将上述等式代入 (6-1) 式，得到：

$$\max_{P_s} \left\{ \frac{1}{2} P_s + (P_s + \alpha_b + \beta_b) - C_s \right\} \frac{\alpha_b + \beta_b - P_s}{\beta_b} \tag{6-7}$$

同理，将等式代入 (6-2) 式，可得：

$$\max_{P_s} \left\{ C_b - \frac{1}{2}\left[P_b + \frac{1}{2\alpha_s + P_b}\right] \right\} \frac{P_b - \alpha_s}{\beta_s} \tag{6-8}$$

因此，要实现供求双方利润最大化，即式 (6-7) 和式 (6-8)

的一阶条件为：

$$P_s = \frac{1}{3}(\alpha_b + \beta_b) + \frac{2}{3}C_s \qquad (6-9)$$

$$P_b = \frac{1}{3}\alpha_s + \frac{2}{3}C_b \qquad (6-10)$$

因此，该博弈的贝叶斯纳什均衡为：

$$P_s(C_s) = \frac{1}{4} + \frac{2}{3}C_s \qquad (6-11)$$

$$P_b(C_b) = \frac{1}{12} + \frac{2}{3}C_b \qquad (6-12)$$

也就是说，在现实的商品住宅交易中，只有当 $P_b(C_b) \geq P_s(C_s)$ 时，交易才能达成，即 $C_b \geq C_s + \frac{1}{4}$ 是交易达成的基本条件。供求双方在此线性策略均衡下的交易区域如图 6-1 所示。

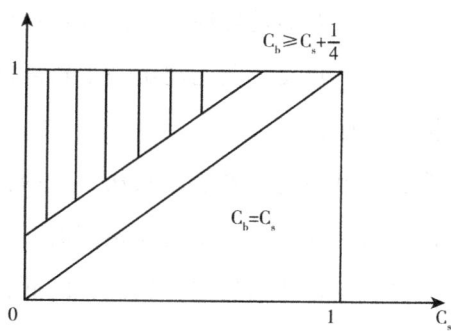

图 6-1 商品住宅供求双方线性策略均衡下的交易区域图

由图 6-1 可知，只有在直线 $C_b = C_s + \frac{1}{4}$ 上方的阴影部分中，供求双方才能达成交易。在阴影区域中，消费者自身的心理预期能够得以满足，自身对商品住宅的需求能够得以实现；商品住宅开发企业的心理预期同样能够得以满足，随着商品住宅的销售，保证了成本的收回和利润的实现。

因此，这一博弈结果直接表明商品住宅的市场价格是由供求双方的心理预期共同决定的，其价格变动的区间为 $C_b \geq C_s + \frac{1}{4}$。

6.1.2 消费者的预期决定市场价格

上述分析能得出以下结论：商品住宅的市场价格会落在由供求双方的心理预期共同决定的区间范围，但是其具体价格最终会固定在这个区间的哪一点还不得而知。为缩小这一空间范围，找出更直接的市场价格决定因素，下面继续进行博弈分析。

首先，假设条件：

条件一：假设现阶段的商品住宅市场中只存在甲、乙两个消费者；

条件二：假设甲、乙二人都是理性的，都符合理性经济人假设；

条件三：假设商品住宅开发企业先制定一个较高的销售价格。

其次，博弈分析，过程如下：

第一种情况，消费者甲和消费者乙都只从自身的预期进行决策，而不考虑对方的预期，当认为价格达到了自身预期的时候，就会做出购买的策略，由于商品住宅供应者的初始定价较高，因此，两个消费者的福利损失都是 −5，其收益组合是（−5，−5）。

第二种情况，在商品住宅市场中，当市场价格达到消费者甲的心理预期而选择购买时，另一个消费者乙要考虑其他消费者的行为而采取观望的态度，而由于示范效应的存在，消费者甲的购买行为会使开发企业坚持原有价格甚至进一步提价，这样，原本采取观望态度的消费者乙不但没有获得更低的价格，反而会面临比消费者甲行动时更高的价格，此时消费者甲和乙的收益组合是（2，−8）。同理，当乙采取行动，而甲观望是，消费者甲和乙的收益组合就是（−8，2）。

第三种情况，如果商品住宅开发企业的定价没有达到消费者的预期，消费者甲和乙都选择观望，此时将迫使开发商降价，降价达到双方的预期之后，甲和乙都将会受益，其收益组合为（5，5）。

甲乙二人的博弈过程如表 6-1 所示：

表 6-1　　　　　　　　　消费者之间的博弈

消费者甲		消费者乙	
		购买	观望
	购买	-5, -5	2, -8
	观望	-8, 2	5, 5

通过上述博弈分析可以看出，在商品住宅市场中，消费者的心理预期水平和消费行为直接影响了商品住宅价格的走向。因此可以得到结论，在满足 $C_b \geq C_s + \frac{1}{4}$ 的条件下，商品住宅市场的价格的最终决定因素是消费者的心理预期水平，即：消费者的心理预期水平就是交易价格。由此可见，在商品住宅价格调控中要重视消费者心理预期的决定性作用。

6.2 异质有限理性预期与商品住宅价格关联性的实证分析

6.2.1 理论框架：商品住宅价格决定模型的设定

为研究商品住宅价格，本书借鉴 Meen（1990）提出的商品住宅价格决定模型，该模型将除商品住宅以外的商品统称为"复合消费品"，并假定购买商品住宅是一种投资行为，而购买复合消费品是一种消费行为，消费者能够以利率 r 无限制地进行资金借贷，这样市场上只有用于资产配置的商品住宅和用于消费分配的复合消费品两种商品。模型以经济学家 Irving Fisher 提出的跨期优化选择理论为工具，假定为避免决策者决策时的短期行为，消费者在进行消费决策时，不仅仅考虑当期的成本和收益，还会通过折现的方式将未来的成本与收益考虑进来，以实现各个期间利益组合的最大化。在这一框架下，本书研究任一时期内，消费者在消费分配与资产配置两种用途中效用最大化的实现机制。

在消费预算约束条件下，可得到商品住宅价格决定方程：

$$P_t = \frac{R_t}{(1-T)r_t - I_t + \delta - \frac{\Delta P^e}{P_t}} \tag{6-13}$$

其中，P_t 表示商品住宅第 t 期的价格，R_t 表示第 t 期的租金金额，这一金额是初始财富，是一个时间序列上的静态量，其数值不随时间而变动，是第 t 期真实收入 Y_t 与第 t 期预期收入 Y_t^e 的函数；T 表示社会总体税率，r_t 表示消费者在货币资金市场进行借贷时第 t 期的利率，I_t 表示经济中的现实通货膨胀率，δ 表示商品住宅的整体年折旧率，$\frac{\Delta P^e}{P_t}$ 则表示预期的住宅价格变动率，等于价格变动幅度 ΔP^e 与第 t 期市场价格 P_t 之比，其中，ΔP^e 表示第 t 期的预期价格 P_t^e 与第 t-1 期的市场价格 P_{t-1} 之差。以上变量都选取按照不变价格口径计算的数值，于是商品住宅价格决定模型可以表示为：

$$\ln P_t = f(\ln Y_t, \ln Y_t^e, T, r_t, \delta, P_t^e, P_{t-1}) \tag{6-14}$$

为提高模型的适应性，做如下假设：

假设一：假定消费者的收入预期是一种适应性预期。即消费者将根据各自过去的收入变动规律确定他们对于未来收入的预期值，故有

$$\ln Y_t^e = \ln Y_{t-1}^e + \lambda(\ln Y_{t-1} - \ln Y_{t-1}^e), \lambda \in (0,1) \qquad (6-15)$$

假设二：假定总体税率 T 和商品住宅的折旧政策及折旧率 δ 在一定时期保持恒定。在价格决定模型（6-14）的基础上，本书引入预期收入方程，构建了双对数回归计量模型理论框架如下：

$$\ln P_t = \varsigma_0 + \varsigma_1 \ln Y_t + \varsigma_2 \ln Y_{t-1} + \varsigma_3 \ln r_t + \varsigma_4 \ln r_{t-1} + \varsigma_5 \ln P_t^e$$
$$+ \varsigma_6 \ln P_{t-1}^e + \varsigma_7 \ln P_{t-1} + \varsigma_8 \ln P_{t-2} + \omega_t + \varepsilon_t \qquad (6-16)$$

在式（6-16）中，P_t 表示商品住宅在第 t 期的市场价格，Y_t 和 Y_{t-1} 分别表示第 t 期和第 t-1 期的人均可支配收入，r_t 和 r_{t-1} 分别表示第 t 期和第 t-1 期的市场利率，P_t^e 和 P_{t-1}^e 分别表示商品住宅第 t 期和第 t-1 期的预期价格，ω_t 表示能够影响商品住宅价格但却与时间序列不相关的所有因素引起的固定效应，ε_t 表示随机扰动项。

另外需要强调说明的是，由于消费者对某种商品的预期价格在本质上是一项不可观测量，所以市场主体的具体预期类型决定了计量模型的具体形式。

6.2.2 模型的建立

商品住宅市场中的消费者在进行价格预期时，其预期行为都是在参考了市场信息和其他消费者的选择之后，并在不确定的环境中做出的。这种预期是不稳定的，会按照一定的规则不断调整，因此其预期结果属于有限理性预期。假定各个消费者之间预期的异质性表现在预期产生机制方面的差异。本书按照静态预期、外推预期、适应性预期和一般有限理性预期等四种最有代表性的有限理性预期类型，分别将商品住宅价格预期方程引入到式（5-17）中，形成双对数回归计量模型，这样就能够将预期价格从一种不可观测变量转变为可观测的经济变量，从而能够建立起双对数线性计量模型，用于描述异质有限理性预期与商品住宅价格之间的关系。

(1) 建立静态预期计量模型

静态预期的预期方程为 $P_t^e = P_{t-1}^e$,将它的对数形式代入 (6-16) 式,可建立静态预期双对数商品住宅价格决定模型如下:

$$\ln Y_{it} = \mu_0 + \mu_1 \ln Y_{it} + \mu_2 \ln Y_{i,t-1} + \mu_3 \ln r_{it} + \mu_4 \ln r_{i,t-1} +$$
$$\mu_5 \ln P_{i,t-1} + \mu_6 \ln P_{i,t-2} + \omega_{it} + \varepsilon_{it}(10) \quad (\text{模型 } 6-1)$$

需要说明的是,模型 6-1 中的下标 i 表示城市序列,$P_{i,t-1}$ 是指城市 i 第 t-1 期的商品住宅价格,其他含义同前,模型中其他字母的含义与式 (6-16) 相同。

(2) 建立外推预期计量模型

外推型预期的预期方程为 $P_t^e = P_{t-1} + \lambda \times (P_{t-1} - P_{t-2})$,将它的对数形式代入式 (6-16),可建立外推预期双对数商品住宅价格决定模型如下:

$$\ln Y_{it} = \sigma_0 + \sigma_1 \ln Y_{it} + \sigma_2 \ln Y_{i,t-1} + \sigma_3 \ln r_{it} + \sigma_4 \ln r_{i,t-1} + \sigma_5 \ln P_{i,t-1} +$$
$$\sigma_6 \ln P_{i,t-2} + \sigma_7 \ln P_{i,t-3} + \omega_{it} + \varepsilon_{it} \quad (\text{模型 } 6-2)$$

(3) 建立适应性预期计量模型

适应性预期的预期方程为 $P_t^e = P_{t-1}^e + \lambda \times (P_{t-1} - P_{t-1}^e)$,将它的对数形式引入 (6-16) 式,可建立适应性预期双对数商品住宅价格决定模型如下:

$$\ln Y_{it} = \phi_0 + \phi_1 \ln Y_{it} + \phi_2 \ln Y_{i,t-1} + \phi_3 \ln Y_{i,t-2} + \phi_4 \ln r_{i,t} + \phi_5 \ln r_{i,t-1} +$$
$$\phi_6 \ln r_{i,t-2} + \phi_7 \ln P_{i,t-1} + \phi_8 \ln P_{i,t-2} + \phi_9 \ln P_{i,t-3} + \omega_{it} + \varepsilon_{it}$$
$$(\text{模型 } 6-3)$$

(4) 建立一般有限理性预期模型

一般有限理性预期的预期方程为:

$$P_t^e = \sum_{i=1}^{t-1} \alpha_i (P_i - P_{i-1}) P_1 - \sum_{i=1}^{t-1} \beta_i (P_i - P_0) + P_{t-1} \quad (6-17)$$

可以发现，一般有限理性预期的预期方程是一个非受限的有限分布滞后模型，完全可以应用 Almon 方法对其进行近似拟合。出于简化的目的，本书假定 $P_t^e = f(P_{t-1}, P_{t-2}, P_0)$ 这一简单函数式成立。将这一函数式的对数形式代入式（6-16），可建立一般有限理性预期双对数商品住宅价格决定模型如下：

$$\ln Y_{it} = \eta_0 + \eta_1 \ln Y_{it} + \eta_2 \ln Y_{i,t-1} + \eta_3 \ln Y_{i,t-2} + \eta_4 \ln r_{it} + \eta_5 \ln r_{i,t-1} + \eta_6 \ln r_{i,t-2} + \eta_7 \ln P_{i,t-1} + \eta_8 \ln P_{i,t-2} + \eta_9 \ln P_{i,t-3} + \eta_{10} \ln P_{i0} + \omega_{it} + \varepsilon_{it}$$

（模型 6-4）

6.2.3 实证检验

（1）数据说明

模型选取我国北京、天津、上海、重庆 4 个直辖市，呼和浩特、银川、南宁和乌鲁木齐 4 个自治区首府，大连、青岛、宁波、厦门、深圳 5 个计划单列市和石家庄、太原、沈阳、长春、哈尔滨、南京、杭州、合肥、福州、南昌、济南、郑州、武汉、长沙、广州、海口、成都、贵阳、昆明、西安、兰州、西宁 22 个省会城市，共 35 个大中城市 2002—2019 年[①]的商品住宅市场数据进行实证检验，数据主要包括四部分：城镇居民年均可支配收入、无风险市场利率、年度通货膨胀率和商品住宅平均销售价格。具体选取说明如下：

第一，城镇居民年均可支配收入取自 35 大中城市的《中国城市统计年鉴（2002—2019）》《国民经济和社会发展统计公报（2002—

---

① 由于考虑到 2020 年新冠肺炎疫情对商品住宅市场造成的意外冲击，本书并未选取 2020 年之后的数据。

2019）》及历年政府工作报告；

第二，无风险市场利率选取自中国人民银行公布的五年期人民币贷款基准利率；

第三，年度通货膨胀率选取国家统计局公布的当年全国通货膨胀率；

第四，商品住宅平均销售价格选取《中国统计年鉴（2003—2020）》和《中国房地产统计年鉴（2003—2020）》的相关数据。

为增强年度数据间的纵向可比性，上述年度数据都经过以 2001 年为基期的不变价格指数进行调整，调整公式为：

$$\text{真实经济变量} = \frac{\text{年度经济变量}}{\text{以 2001 年为基期的不变价格指数}} \quad (6-18)$$

（2）GMM – DIFF 估计结果

在应用计量模型的过程中，本书选取的解释变量是被解释变量的滞后项，并且带有城市商品住宅价格固定效应变量 ω_{it}，这与严格的外生性假设条件不符，此时如果继续使用 OLS 估计方法将会产生有偏且非一致的估计结果。为解决这一问题，本书引入动态面板模型差分广义矩估计方法（GMM – DIFF），分别基于上述 4 个模型，对我国 35 个大中城市商品住宅价格进行两步 GMM 的无偏估计。估计结果如表 6 – 2 所示。

表 6 – 2　商品住宅价格动态面板模型的 GMM – DIFF 估计结果

变量	模型 1（静态预期）	模型 2（外推预期）	模型 3（适应性预期）	模型 4（一般有限预期）
c	0.597 (-2.612)**	-0.221 (-2.801)**	-0.298 (-2.851)**	-0.622 (-1.697)*
$\ln Y_{it}$	0.168 (2.178)**	0.119 (1.731)*	0.231 (3.208)**	0.241 (2.340)**

续表

变量	模型1 (静态预期)	模型2 (外推预期)	模型3 (适应性预期)	模型4 (一般有限预期)
$\ln Y_{i,t-1}$	-0.011 (-0.279)	0.041 (0.241)	-0.288 (-1.099)	-0.301 (-1.119)
$\ln Y_{i,t-2}$	—	—	0.271 (1.661)*	0.249 (1.858)*
$\ln r_{it}$	-0.161 (-2.442)**	-0.231 (-3.338)***	-0.222 (-2.601)**	-0.201 (-2.309)**
$\ln r_{i,t-1}$	-0.121 (-1.862)*	-0.212 (-3.041)***	-0.198 (-2.431)**	-0.222 (-2.602)**
$\ln r_{i,t-2}$	—	—	-0.021 (-0.228)	0.078 (0.768)
$\ln P_{i,t-1}$	0.928 (12.887)***	0.894 (11.801)***	0.889 (11.703)***	0.880 (11.656)***
$\ln P_{i,t-2}$	0.21 (1.796)*	0.171 (1.697)*	0.161 (1.952)**	0.149 (2.448)**
$\ln P_{i,t-3}$	—	-0.121 (-1.468)	-0.122 (-1.422)	-0.158 (-1.869)*
$\ln P_{i0}$	—	—	—	-0.068 (-1.878)*
样本量	245	210	210	210
校正 R^2	0.971	0.971	0.972	0.973
Sargan	32.599 (0.99)	34.601 (0.99)	34.054 (0.99)	34.001 (0.99)

注：*、**和***分别表示结果在0.1、0.05和0.01的水平上显著。括号内的数值是t的统计量；Sargan检验的零假设表示所选工具变量是有效的，括号内是p值。

从表6-2的结果显示四个模型的拟合优度均较高，这一结果说明这些模型已经能够很好地模拟我国商品住宅的市场价格，而Sargan检验值不满足显著性要求，也说明模型选定的变量是有效的。

(3) 实证结果

为了从模型参数中单独研究预期与商品住宅价格之间的关系，本书按照理论模型（3）式的形式对上述四个经济计量模型的回归参数进行了分解，结果如表 6-3 所示。

表 6-3　　　　　　　　回归模型的参数分解

初始理论模型		模型 1	模型 2	模型 3	模型 4
解释变量	系数	（静态预期）	（外推预期）	（适应性预期）	（一般有限理性预期）
$\ln Y_t$	β_1	0.168	0.119	0.221	0.241
$\ln Y_{t-1}$	β_2	-0.005	0.041	-0.241	-0.287
$\ln r_t$	β_3	-0.161	-0.231	0.221	-0.201
$\ln r_{t-1}$	β_4	-0.121	-0.212	-0.123	-0.220
$\ln P_t^e$	β_5		1.172		1.288
$\ln P_{t-1}^e$	β_6	$\beta_5+\beta_7=0.929$	0.229	$\beta_5+\beta_6=0.4201$	-0.529
$\ln P_{t-1}$	β_7	$\beta_6+\beta_8=0.021$	0.641	$\beta_5+\beta_7=7.391$	0.651
$\ln P_{t-2}$	β_8		-1.089	0.689	-0.412

(4) 单位根检验

有些数据之间具有高拟合优度，但却是无意义的伪回归，为避免这种情况，首先对模型中的各个变量进行单位根检验。检验结果如表 6-4 所示。

表 6-4　　　　　　　　变量单位根检验结果

变量	单位根检验			
	Fisher-ADF	Fisher-PP	LLC	IPS
$\ln Y_{it}$	108.323***	116.003***	-5.986***	-3.134*
$\ln r_{it}$	48.947***	143.002***	-11.985***	-4.954***
$\ln P_{it}$	53.863**	117.143**	-16.123**	-7.946**

注：*、** 和 *** 分别表示在 0.1、0.05 和 0.01 的水平上显著。

表 6-4 显示 $\ln Y_{it}$、$\ln r_{it}$ 和 $\ln P_{it}$ 分别通过了四种单位根检验，其所有变量都不存在单位根的结果说明变量符合商品住宅价格决定方程的建模要求。

6.2.4 结论

从上述实证分析中，可以得出以下结论：

结论一，预期是决定商品住宅价格及其波动的最主要影响因素。实证分析结果显示，在所有回归项里，商品住宅预期价格的回归系数是最大的，这表明预期对于商品住宅价格变动的贡献也是最大的。虽然静态预期（模型1）和适应性预期（模型3）没有得出最终的分解结果，但在外推预期（模型2）与一般有限理性预期（模型4）下，商品住宅价格 P_t 对预期价格 P_t^e 的弹性都大于1，这足以说明：预期对于商品住宅价格的波动具有放大效应，会加大价格波动的幅度，造成商品住宅市场的不稳定。

结论二，不同的预期模式使得商品住宅价格呈现各异的决定机制和波动性。从表 6-3 中可以看出，经过参数分解后，在对商品住宅价格决定的作用方向上，各变量基本一致，但弹性系数却各不相同。

一方面，静态预期与外推型预期加剧价格波动。外推预期者的 $\ln P_t^e$ 系数是 1.172，表明当期商品住宅价格对于预期价格的弹性大于1，这不仅说明预期价格在很大程度上决定了商品住宅的市场价格，还表明预期价格对于商品住宅市场价格的波动幅度具有放大效应，即：外推预期者预期价格的波动导致市场价格更大的波动幅度，从而加剧市场的波动和不稳定。一般情况下，在商品住宅价格上涨的阶段，它会进一步推动价格的上涨，导致价格越涨越快；在商品住宅价格下跌的阶段，由于对恐慌的放大效应，这种预期价格也会加剧商品住宅市场的萧条。静态预期也具有同样的机制。另一方面，适应性预期稳定价格波动。从表 6-3 的分解结果我们还可以看出，适应性预期模式下的价格预期也能够使商品住宅价格的波动放大，从而加剧商品住宅市场的波动与不稳。

同时，价格预期也拥有负的弹性，即下一期的商品住宅的价格变动方向会与上一期预期价格的变动方向相反，但上下期的预期价格在综合之后（$\beta_5 + \beta_6$）并不会加大商品住宅价格波动的幅度，反而会使价格的波动幅度缩小，并逐渐稳定下来。又根据 $0 < \omega < 1$ 和 $0 < a < 1$ 这两个条件可以推导出 $\omega a < \omega + a$，且对于等式 $P_t - \omega P_{t-1} = a(P_{t-1} - \omega P_{t-2})$ 存在着极限 $\lim_{t \to \infty}(P_t - \omega P_{t-1}) = 0$，因此，前两期的市场价格呈现符号相反、前大后小的弹性系数，这说明在适应性预期模式下，商品住宅市场具有一种内在的稳定性，会促使市场价格的波动幅度逐渐收敛。

结论三，一般有限理性预期稳定价格波动。一般有限理性预期模式下，变量符号与理论符号之间的符合程度最高，无论是上下期的预期价格之间，还是上下期的历史价格之间，在对商品住宅价格的决定方面都呈现出完全相反的作用效果。这种隔期交替的作用机制能够实现商品住宅价格的自稳定。当某一时期的商品住宅价格可能出现较大波动的时候，这种内在的作用机制都会抵消部分引起价格波动的因素，使商品住宅市场避免出现大起大落。同时，数据显示，当期的预期价格与上一期的历史价格对商品住宅价格具有正向影响，并且预期价格弹性大约是上一期历史价格弹性的 2 倍，这再次说明了预期价格才是决定商品住宅价格及其波动的最重要因素。

总之，就预期价格而言，四种预期模式的影响不同，总体上表现为两种：第一种，加剧价格波动。这主要包括静态预期和外推型预期这两种简单的预期模式，它们参考的信息相对较少，因此只会加剧商品住宅价格的波动，不利于住宅市场的稳定；第二种，稳定价格波动。适应性预期和一般有限理性预期虽然具有非理性成分，但相对于前两种模式而言，它们参考了更多的价格信息，因此这两种预期模式内在价格调节机制会缩小商品住宅价格的波动，并逐渐收敛到一个相对稳定的区间而稳定下来。

结论四，不同异质预期者的比例也影响着商品住宅市场的价格。商品住宅的市场结构是指在商品住宅市场里，不同异质预期者的比例。因为不同的异质预期者所拥有的价格预期和价格决定方程不同，其中前者是对商品住宅价格比较直接的反映，但它的作用却不够持久，后者则是一种综合的持久作用力，对商品住宅市场价格的影响更大。因此，不同的商品住宅市场结构中，异质预期对价格的影响方向和程度不同，持何种预期的市场主体数量越多，其形成的市场力量就越强大，就越能够影响商品住宅市场的价格导向。

总之，四种商品住宅的异质预期模式使得商品住宅市场体现出不同的决定机制和波动性。在这四种模式下，当期住宅价格的预期都能加剧价格的波动和住宅市场的不稳定，但静态预期和外推预期由于不具有内在的自动调节机制，只能依靠政府政策等外力的干预才能平稳发展；而在适应性预期和一般有限理性预期模式下，商品住宅价格的波动幅度会被自发地限制在一定范围之内，并逐渐实现商品住宅市场价格的自发稳定。

6.3 本章小结

本章应用博弈法对商品住宅市场进行静态贝叶斯博弈分析，以证明商品住宅市场中预期对价格的决定性作用；在此基础上，应用双对数线性计量模型对我国商品住宅市场进行实证分析，验证异质有限理性预期与我国商品住宅价格之间存在的因果关系，为政府在商品住宅市场中进行预期管理提供理论支撑和政策着力点。

第 7 章

商品住宅市场预期管理的建议

当前，预期是影响商品住宅价格形成与变动的重要因素，但由于我国商品住宅市场中预期的异质性和有限理性，它不能自动对商品住宅价格的变动形成平复作用，尤其当商品住宅市场长期缺乏稳定性之时，它甚至会成为价格加剧波动的推动力。因此，在应用预期进行市场调节的过程中，就不能仅仅依靠其自发的调节功能，而是要将对异质有限理性预期的管理作为政府调控商品住宅市场的着力点。尤其在我国经济社会发展进入了新时代的背景下，商品住宅行业经过20多年的发展，行业内新旧矛盾交织，周期性、结构性问题叠加，将价格带入了一个较高的阶段，同时，价格的复杂性也日益突出，因此，在下一阶段的调控中，政府对预期进行管理就成为一项必然之选。

7.1 预期管理的现实必要性

7.1.1 异质有限理性预期及其负面影响

目前，消费者在我国商品住宅市场信息获取渠道较为单一，在面对一个信息不对称、不充分的市场和鱼龙混杂的信息时，消费者往往莫衷一是，一旦利益集团故意传播虚假信息控制社会舆论、误导消费者预期，那么消费者就会形成异质有限理性预期，在这种预期下会做出非理性的消费决策，从而导致商品住宅市场的价格泡沫进一步增大。

纵观人类经济史上主要经济泡沫的形成与发展，新概念的炒作、流动性泛滥、政府政策的失误、投资者经验的缺失、盲目的金融创新等因素都负有不可推卸的责任，但归根结底，任何一次泡沫的形成，最后都能够归因于投资者对于资产价格上涨所形成的"自我实现的预期"（Self-fulfilling Expectations）。例如：在经济发展的繁荣期，商品住宅价格始终处于上升通道，消费者在价格上涨预期下会积极购买商品住宅，银行也会放松风险控制，为大量本来无支付能力或者支付能力较弱的消费者提供住宅融资，支持其购买商品住宅。这种高风险的做法在经济持续高涨、住宅价格持续上涨的情况下是可以持续的。这一过程可以用 Robert J. Shiller 的反馈环理论进行分析和验证。[①]但是一旦经济下滑，贷款人的收入无法支持贷款的偿还，或者作为抵押物的住宅价格持续下跌到消费者贷款余额以下，商品住宅的市场价格不能够覆盖贷款余额，贷款人也会停止偿还贷款，无论贷款人是由于缺乏支付能力而断供，还是由于缺乏还款意愿而断供，都会导致银行出现金融风险。

由此可见，在我国商品住宅市场中，异质有限理性预期虽然不是引发价格泡沫的根本原因，但它天生所具有的传导性、趋同性以及自我实现的机制使其在放大外部冲击、扩大泡沫的过程中发挥了决定性作用。

7.1.2　由供需调控到预期管理

从我国商品住宅市场的发展进程来看，异质有限理性预期引发了商品住宅的供给不足和投机需求过盛，这种"不足"与"过盛"并存的

[①]　按照这一理论，商品住宅原始价格的上涨会直接导致更高价格的出现，这主要是由于价格的上涨会使投资者和消费者产生对价格进一步增长的心理预期、增强投资与消费的信心，从而产生一个自然形成的"蓬齐过程"。

局面是我国商品住宅市场资源配置扭曲、价格持续大幅上涨的重要原因，它也直接导致了过去20多年价格的扭曲，这种情况很可能在今后一段时间中仍然存在。如果不能有效地改变这一预期，恐怕其他各种配套机制和措施都只能是事倍功半、杯水车薪。因此，无论利用什么政策工具，采用什么政策手段，商品住宅市场价格调控长效机制的核心，都应该在于稳定全社会对于商品住宅这一大类资产长期收益率的预期。否则，"房住不炒"的历史使命恐怕难以完成。

长期以来，在商品住宅调控领域，我国政府采取的是需求管理与供给管理相结合的政策体系，这一政策体系恰恰忽视了预期管理这一影响商品住宅价格的重要因素。因此，要打破商品住宅价格"只涨不跌"的惯性思维、挤出商品住宅市场中的价格泡沫，就需要引入预期管理，通过商品住宅市场预期管理改变消费者和投资者对商品住宅价格上涨的有限理性预期，通过政府导向的预期管理不断引导市场产生理性预期，使其从异质逐渐同质，由有限理性回归完全理性。

但是，在我国商品住宅价格的调控中，对于预期的管理始终都没有受到重视，直到2009年，"稳定预期"的提法才首次出现在《政府工作报告》中，在接下来的几年中政府又分别提出管理通胀预期、正确引导市场预期等要求，2013年，党的十八届三中全会会议公报正式明确提出将"稳定市场预期"纳入宏观调控体系的框架之中，2015年中央经济工作会议又进一步提出"实施宏观调控要更加注重引导市场行为和社会心理预期"。这些新提法都标志着在我国商品住宅的宏观调控领域，在需求管理和供给管理之外又将引入以预期管理为主的政策手段。2021年的政府工作报告中又一次强调要"稳地价、稳房价、稳预期"，可见，预期管理仍是当前乃至未来一段时间内，政府关注的重点调控要素。商品住宅市场调控由供求调控阶段进入到了预期管理阶段。

7.2 预期管理的模式

根据预期理论对预期的分类，政府预期管理一般可以分为以下几种模式：

7.2.1 综合预期管理模式

综合预期管理模式是指除了要管理消费者预期外，还要兼顾利益相关主体对消费者预期影响的一种预期管理模式，它承认周围人对个体预期的影响。这种预期管理的核心不仅是要进行自我预期管理，更重要的是要对他人的预期做出预先的分析与判断，即：预判他人的预期。在预期管理中引入他人的预期后，会导致预期管理活动复杂化。例如：商品住宅市场存在着开发商等利益群体，这些利益群体会为了各自的利益而诱导消费者形成有限理性预期，这种有限理性预期会降低政府宏观政策的有效性，导致政策作用效果不明显或者政策效果滞后的问题。因此，要进行综合预期管理，通过提高政策的公开透明度，解决消费者有限理性预期所导致的政策效率低下和政策作用效果滞后的问题。

7.2.2 双向预期管理模式

双向预期管理模式是指在预期管理过程中，不仅要重视消费者预期的变动，还要注意消费者预期反作用的一种预期管理模式。政府在商品住宅领域的宏观政策既要被市场主体（也称为利益相关者）所接受，还要能够引导市场主体的预期与政府的政策目标保持一致，这就不能仅仅依靠简单的政策传导，还要重视市场主体的反应对宏观政策的反作用问题，这也是预期管理过程中的一个重要方面。

一般来讲，政府制定、颁布政策和法规的过程，只是一个单向的信息传递流程，仅仅能够反映政府的预期。但是，政府的单向信息传递能否起到作用，还要看政策是否能够被市场主体所接受。如果要想让政策为市场主体所接受，并引导市场主体预期，在政策制定时就不能仅仅考虑政府自身的预期，还要听取市场主体的意见，了解市场主体预期及反应，此时单向的信息传递就变成了双向的策略博弈过程，单向预期管理就变成了双向预期管理。因此，双向的预期管理不仅要求政策的公开，还要求政府充分了解并尊重市场主体的预期，同时还要对政策进行充分的解释与说明，使市场主体的预期能够与政府宏观政策的目标保持一致。

7.2.3　协调预期管理模式

双向预期管理模式要求政府要尊重市场主体的预期，但是市场主体预期的异质性决定了不同主体之间预期方向各异的特征，这就对政府预期管理提出了一个非常现实的问题，即：如何将市场中不同主体所持有的异质性预期统一到政府政策目标预期之内？要完成这一目标，就需要政府进行协调预期管理。协调预期管理模式的核心内容就是通过制定公开透明、权威可信的政策，将市场主体的异质性预期整合为同质性预期。

总之，综合预期管理模式和双向预期管理模式能够将有限理性预期转变为理性预期，而协调预期管理模式能够将异质性预期整合为同质预期。

7.3 预期管理的核心要素

由于商品住宅市场的持续性调控、商品住宅价格的持续性走高，市场出现了分化。市场主体的心理预期也愈发敏感，市场信心的波动性增强。一旦政府调控政策出台前后无法进行较好的沟通和解读，就会导致市场主体对政策的认识和理解出现偏差，导致市场预期的混乱，加剧市场波动。特殊时期、特殊环境都对政府政策的前瞻性、稳定和引导预期的能力提出了更高的要求。因此，商品住宅的预期管理活动要紧紧围绕其核心要素展开。

7.3.1 预期管理的总体目标

我国商品住宅需求分为刚性需求、改善性需求和投资（机）性需求。在正常发展条件下，这三类需求对市场会产生不同的影响。政府对于三类不同的需求分别采取了不同的政策——对于刚性需求给予保护、对于改善性需求给予鼓励、对于投资投机性需求进行抑制。在需求管理的前提下，商品住宅预期管理的目标包括以下两个方面：

（1）在刚性需求和改善性需求管理方面，预期管理的目标在于抑制提前消费和过度消费

在商品住宅价格持续上涨的市场环境中，由于市场传递的信号导致消费者会产生价格继续上涨的有限理性预期，因此刚性需求和改善性需求会提前，产生提前消费的倾向。这种"提前"包括两种情况：一是消费时间的提前。因为存在商品住宅价格在未来上涨的预期，如果价格上涨的预期高于收入上涨的预期，为了节约成本，消费者会将提前消费；二是消费档次的提前。在价格持续上涨预期存在的情况下，消费者可能跳过当前的阶段直接进入下一个阶段，例如跳过刚性需求直接满足改善性需求。上述两种现象都是需求管理政策难以触及之处，因此，在这一领域有必要加强预期管理，通过预期管理，避免住宅消费的提前实现或者过度实现，保证商品住宅需求的平稳释放。

（2）在投资（机）性需求领域，预期管理的目标是平稳过度的投资（机）需求

改革开放以来，我国实行"鼓励一部分人、一部分地区先富起来，通过先富带动后富"的差别性、阶段性发展战略，这一政策的副作用就是导致财富分配不公。对于先富起来的部分人来讲，购买商品住宅就成为一种重要的投资形式，在缺乏其他有效投资渠道时，购买商品住宅就成为投资中的刚性投资。如果预期管理不善，价格始终处于上涨通道中，就会导致商品住宅出现过度投资（机）和提前投资（机）的行为。因此，在这一领域中，预期管理的目标是平稳过度的投资（机）需求。

总之，在当前时期，不论是刚性需求还是投资（机）性需求，都存在提前消费的倾向，这种需求不能被消灭，但可以通过对预期的管理予以提前或延迟。因此，在对商品住宅进行供给管理和需求管理的前提下，要重视对预期的管理，将经济预期作为一个可参与变量进行管理，纳入到各项政策的制定、实施和修正过程中，通过对消费者购买住宅需求的调整，发挥稳定住宅购买者以及潜在购买者心理的作用。简而言之，商品住宅需求的多变性、复杂性决定了预期管理的必要性，引入预期管理能够有效弥补商品住宅市场单一供求管理的不足。通过商品住宅预期管理实现刚性需求与投资（机）需求的平稳增长。

7.3.2　预期管理的一般原则

在我国商品住宅预期管理中要坚持以下 5 条一般原则：

（1）管理目标的明确性

预期管理的首要任务就是要向市场传递明确的目标信号。在"房住不炒"的大背景下，商品住宅管理的目标就是要突出它的居住属性。通过这一管理目标的明确要让公众意识到：商品住宅虽然属性多重、功能多重，但是其基本功能还是要以满足居住需求为主。即使商品住宅在短期具有投资价值、呈现投资品属性，但是这种属性是一种附加属性，不具有长期性和根本性，商品住宅归根到底应该被作为正常的居住品来看待。因此，预期管理的基本目标就应该是围绕并突出商品住宅的基本属性，稳定市场的合理预期，保持商品住宅价格的基本稳定，避免出现价格的大起大落。

（2）管理政策的连贯性

长期以来，我国政府调控商品住宅市场价格的措施主要是短期多变的限购、限贷、限售等调控措施。从应用效果来看，这些措施的局限性非常明显——对商品住宅市场的作用时限较短，无法从根本上、长期内逆转市场对价格上涨的预期。在中国宏观经济和商品住宅市场长期发展前景向好的情况下，上述限制性的干预政策反而会传达一种反向的信号，从而增长市场热情，造成"政府越干预、价格上涨预期越发强烈"的情况。在管理目标明确的前提下，政府应维持调控政策的连贯性，释放对商品住宅市场调控的持续信号，以利于公众长期理性预期的形成，从而维持商品住宅市场的健康发展。即使短期利益、短期需求与长效机制目标相冲突时，政府也不应该以牺牲长期目标为代价而获取短期利益，更不要再走上"通过商品住宅的超常规发展拉动经济增长"的老路。只有保持了政策的连续性，市场预期才能回归理性。

（3）管理政策的透明性

强化政府政策的透明性是因为市场秩序混乱、市场预期的有限理性在一定程度源于信息不对称，尤其是供求信息不对称。预期管理的一个重要任务就是消除商品市场住宅的信息不对称。政府通过适时公布发展规划、披露市场供求状况等信息，提高政策的透明度，正确引导市场心理预期，引导住宅理性投资与消费。

（4）管理政策的可预期性

政策的可预期性是在政策连贯性和透明性基础上提出的更高要求，它是指基于现有政策，公众对于未来政策进行预判的可能性与准确性。政策的可预期性越强，预期的理性化程度就越高。在商品住宅市场中，增强政策的可预期性，就要加强对商品住宅市场信息的披露、保持政府住房、土地、财税、金融等相关政策的透明度，政府要事先通过吹风会、座谈会等形式将政策意图、政策目标与公众进行充分沟通，以正确引导公众合理判断和理性预期的形成。

（5）管理政策的审慎性

在具体的宏观调控政策制定颁布之前，需要对政策进行审慎性管理，这种管理主要是针对宏观政策可能对商品住宅市场预期产生的影响进行全面审核评估，具体包括：政策能否导致商品住宅价格的上涨，在市场发展的阶段上是否属于过期政策，在结果上能否容易误导消费者等。这种审核评估工作有利于增强商品住宅价格宏观调控政策的全面性与审慎性。

7.3.3 预期管理的基本路径

根据我国商品住宅市场的实际情况，进行预期管理，可以从两条路径进行：

(1) 从有限理性预期着眼，实现有限理性预期的理性化

有限理性预期影响着市场主体做出正确决策，预期管理的一个重要路径就是实现有限理性预期的理性化。通过将有限理性的预期理性化，提高市场主体的判断能力，让市场主体能够按照市场的发展规律进行合理预判，从而发挥市场机制在商品住宅市场中的决定性作用。

(2) 从异质性预期着眼，实现异质预期的同质化

不同市场主体做出的对于价格未来发展趋势的判断都或多或少存在差别，要进行预期管理就要先将这些异质性预期同质化或类同质化，然后政府针对相同或大致相同的预期进行统一调控，否则在异质性预期的条件下，政府也要执行异质性政策，而异质性政策彼此之间就会导致政策效果的下降。同时异质性政策的精准实施也将是一个很大的难题。

7.3.4 预期管理的现实要求

在当前我国商品住宅市场的预期管理中，要突出如下现实要求：

(1) 突出预期管理的核心地位

从前几章的分析可以发现，预期对于政府调控政策的效果、商品住宅市场价格都存在着深刻的影响。在我国当前商品住宅市场价格调整的敏感期和关键期，引入预期管理政策是当务之急，是完善当前我国商品住宅市场价格管理的主要方式，也是替代单一供给管理和需求管理的有效管理手段。因此，要突出预期管理在商品住宅调控中的核心地位，重视其引领作用的发挥。

（2）立足商品住宅吉芬商品阶段属性的预期管理前提

20多年来我国商品住宅市场呈现典型的吉芬商品特征，市场需求随着价格的上涨而不断上升，供给量也随着需求量的上涨而上涨。作为吉芬商品，价格是自变量，需求和供给是函数。因此，在市场调控中要放弃长期坚持的单纯供求调控的思路，从价格调控入手，从"预期"这一影响价格的重要因素出发，坚持"政策—预期—价格—供求"的思维导向与政策路径。

（3）追求价格调控的长效机制

稳定商品住宅价格不仅是我国商品住宅市场的一个基本目标，更是稳定经济社会的一项经济政策和社会政策。这项政策的总目标应该是稳定商品住宅市场价格，并且要长期坚持。打破依靠商品住宅"保增长"的惯性思维，让商品住宅价格上涨的单边预期在长期无法形成。因为多变的调控政策不仅彼此之间会相互抵消而使调控政策趋于无效，而且政策本身的多变也会成为价格波动的一种直接诱因，从而加剧商品住宅价格的波动。因此应建立商品住宅预期调控政策的长效机制，保证政策的连续性和有效性。

（4）确定以静态预期与外推型预期为主的预期管理对象

基于前述分析，在异质有限理性预期中，适应型预期和一般有限理性能够自我调节，实现价格的稳定；而静态预期与外推型预期却不能够自动实现价格的稳定。因此，政府预期管理政策要侧重于对静态预期与外推型预期的管理。

(5) 侧重以消费者需求侧预期管理为重点

商品住宅价格的形成同时受到生产者预期和消费者预期的影响。在二者对商品住宅价格影响的对比分析中，消费者预期所起的作用较为突出。因此在预期管理中，要侧重于对消费者预期的管理，通过政策的制定实施，改变消费者的价格预期，影响市场需求；通过需求的改变，进一步影响生产者的预期，从而改变供给；在供给和需求同时变化的背景下，形成新的合理市场价格。

7.4 预期管理的具体措施

根据以上一般要求，建议分别从政策预期、供给预期和需求预期三方面进行预期管理。

7.4.1 稳政策预期

通过科学、合理发布市场真实信息，影响社会公众的认知过程，稳定公众对商品住宅价格的预期，能够避免由于谣言与不实信息的传播或片面解读而造成的对公众预期的误导，从而有助于促进消费者做出科学合理的决策。在这方面，政府可以通过技术和统计手段，实时监测市场预期发展动态，作为政府了解商品住宅市场情况和出台相应调控政策的重要依据；同时，完善商品住宅市场信息平台建设，强化信息披露，减少信息不对称，帮助市场形成理性预期。稳政策预期具体包括如下手段：

（1）保持政策的权威性和连续性

政府不仅要严格执行各类调控政策，还要对政策的持续性进行严格监督。一方面，政府要打击商品住宅炒买炒卖的投机行为，释放政府对商品住宅市场调控态度的强烈信号，打破靠商品住宅"保增长"的惯性思维，让商品住宅价格上涨的单边预期在长期无法形成。注重引导商品住宅市场向着以商品属性为主导的方向发展，使得商品住宅价格更趋近其自身价值。另一方面，要通过彼此高度相关政策的连续性出台，让公众意识到：即使商品住宅在短期还具有投资价值，但是也应该作为正常的投资品来看待。任何资产价格不会只涨不跌，商品住宅作为投资品的价格也会下降。同时，在市场上形成一种共识——以商品住宅市场调控的长效机制和总体目标为核心，政府会持续出台一系列政策。当短期利益与长效机制、总体目标相冲突时，政府不会以牺牲长效机制、总体目标为代价而获取短期利益，也不会再走依靠商品住宅拉动经济增长的老路。只有这样，"价格上涨预期"影响下的商品住宅市场的投资偏好才会真正被改变。

（2）加强政策的透明性

对商品住宅预期进行管理的一个重要理论基础是商品住宅市场信息不对称，尤其是供求信息不对称。市场秩序混乱在一定程度都是信息不对称的产物。政府部门应适时公布土地供应计划和住宅发展规划，适时披露市场供求状况、土地价格、住宅未来供应的规模、各种住宅的比例、住宅价格变动等信息，增强市场透明度，正确引导市场心理预期，引导住宅理性投资与消费。同时，要求商品住宅供应企业明码标价、一宅一价，通过这些政策的实施提高政策的透明度、整顿市场秩序。

(3) 创新政策研究与发布形式

首先，建立政策研究的部门间横向互动。建立政府商品住宅主管部门与住宅行业协会、住宅领域的智库和研究机构、相关社会组织之间的长期协调机制，探索在信息搜集、信息共享、信息研究等方面的联合机制，增强对预期综合管理的支持能力，提升预期管理水平。其次，建立政策的联合发布制度。构建政府多部门之间的政策联合发布制度，定期举办有商品住宅主管部门参与的形势分析与政策解读发布会，联合发声、协同调整，提高商品住宅政策的发布层次。

(4) 加强对商品住宅市场预期的政策引导

首先，及时解读重大事件。对于对市场全局性发展具有重大影响的事件，政府可以通过新闻发布会、在线访谈等多种方式进行信息发布，以稳定并引导市场预期，防止商品住宅市场的大幅震荡。其次，主动回应市场焦点问题。针对社会普遍关注的商品住宅领域的热点话题与焦点问题，政府相关部门要主动迎合市场的信息需求，对舆论进行积极引导，减少由于信息不对称可能造成的非理性的市场波动。最后，增强政府决策的公信力。政府及所属部门要严格执行已经公布的各项政策措施，加强对市场中供求双方行为的依法有效监管，以此强化政府政策与决策的权威性和公信力，引导市场行为与政府政策方向趋于一致。

另外，互联网的快速发展、新媒体形式的不断呈现都使信息得以快速、及时传播。政府在制定、执行相关政策时，必须重视新闻媒体的作用，提高公众对新政策认识和接受的积极性。同时需注意加强政府对媒体的监督管理，对于媒体不严谨的判断、观点及对商品住宅市场中爆点事件所引发的集中报道，应合理管制和加强引导，防止媒体炒作所引发的公众追捧，造成公众的错误判断。从而形成政府政策、媒体信息及公众预期之间的良性互动。

7.4.2 稳供给预期

在预期管理中，稳定供给预期是重要的一项内容，这项工作可以从以下两方面入手：

（1）根据城镇化和人口发展的趋势，调整商品住宅市场的供给结构

首先，在城镇化的大趋势下，稳定土地供给预期。土地供给是商品住宅行业发展中不可或缺的重要环节，协调土地供应和城市人口增长的关系，对于缓解城镇化带来的商品住宅需求压力，改变商品住宅价格长期上涨的预期有着举足轻重的作用。因此，要实现土地的平稳供给，避免因为土地供给的变化影响市场对住宅价格的预期。其次，根据人口结构和住宅需求的变动，适时调整住宅的供给结构。在当前阶段，避免过度发展高档次商品住宅，针对低收入阶层人群，规范发展租赁市场，通过提高供给水平，解决其刚性需求，改变短期商品住宅价格上涨的预期。

（2）提升非住宅企业的获利能力，降低商品住宅行业的投机水平

在商品住宅行业投资高回报的吸引下，大量的投机资本会涌入这一行业，投机盛行导致非住宅行业和商品住宅行业投资回报率严重失衡。因此，通过税收、金融等政策平衡二者的回报率，引导资金回流非住宅领域，降低商品住宅行业的投机水平，稳定供给和价格。例如，对商品住宅业征收高于非住宅行业的企业所得税，一方面可以提高商品住宅投资成本，抑制商品住宅业过度投机；另一方面可以降低非住宅行业的税收成本，有利于增强非住宅行业的投资者信心，引导资金流入非住宅行业。同时，通过调整信贷政策，释放明确的信号，鼓励企业升级传统产业，进行创新投资，改善投融资环境，降低商品住宅市场投资、投机预期收益，引导资源由商品住宅行业转向非住宅行业。

7.4.3 稳需求预期

(1) 完善住宅统计信息制度

市场信息是影响市场预期的最直接因素，通过规范相关的信息制度，防止不当信息误导市场预期。目前商品住宅相关的统计信息制度不完备，参差不齐的市场信息容易误导市场预期。应该着力完善相关的住宅统计信息制度，包括：开发、建设、销售、库存等环节的统计信息系统，加强市场信息的透明度，为住宅市场有序运行奠定基础。另外，要规范政府信息公示制度及其他的商品住宅相关信息公示制度，使消费者和社会各界正确了解商品住宅市场运行情况，以科学的舆论对消费者的预期进行合理引导。

(2) 大力发展与规范租赁市场

商品住宅市场长期存在的供求矛盾是支撑"价格只涨不跌"预期的根本因素，因此，在积极推进保障性住房建设、增加市场有效供给的同时，可以适度引导住宅消费需求向租赁市场分流，以租赁需求替代住宅消费需求中的购买需求，弱化"价格只涨不跌"的预期。通过实现"居者有其屋"来解决部分的居民住宅问题。一方面，通过税收优惠等手段鼓励更多的存量房进入租赁市场，形成规模化的租赁提供商，加大租赁市场供给。同时，可适当规范并降低个人出租住宅的税收，通过开征房产税等经济手段促使更多的存量资源进入公开的租赁市场，使租赁市场公开化和合法化，为住宅租赁消费者提供更多的理性选择空间；另一方面，通过利用经济手段、法律手段等，引导部分住宅消费需求向租赁市场分流。具体可以借鉴德国的经验，通过立法对住宅承租人对住宅的各项权利进行合理保护。如：德国法律规定，德国的房屋"租金列表"须由市或乡镇依据通过抽样调查或联邦统计局计算出的德国家庭生活费用指数制定，并需要得到出租方和承租方的一致认可。并且，一般情况下，房东在出租后的 3 年内不得将租金涨幅超过 20%。通过规范租赁市场，可以将大量的购买需求转移成为租赁需求，从而，稳定我国商品住宅市场的需求预期。

7.5 本章小结

加强预期管理是目前我国商品住宅市场价格管理的当务之急。在预期管理中，要基于我国商品住宅的吉芬商品阶段，着眼于静态预期与外推型预期，以消费者的需求侧为重点，坚持价格调控的总方向，着眼于长效机制。从有限理性预期入手，实现预期的理性化；从异质性预期着眼，实现预期的同质化。

后　　记

本书围绕我国商品住宅价格问题展开研究，对现行供给管理和需求管理模式进行了分析与评价，提出了加强市场预期管理的建议。本书的创新性观点包括：

第一，我国商品住宅既不是普通商品，也不是吉芬商品，而是处于吉芬阶段的商品。1998年商品住宅市场化改革以来，我国政府对于商品住宅价格进行了长期的调控。但从总体来看，商品住宅价格却持续呈现上升趋势，商品住宅市场成交量也处于不断放大的态势。这种"量价齐增"的现象不符合基本的市场原理。对于这种现象，本书提出了"吉芬阶段商品"的概念，用以描述我国商品住宅所处的特殊阶段，解释供求定律在商品住宅市场中失灵的原因。这一概念的提出，跳出了理论界长期以来关于"吉芬商品存在性"的争论，以阶段性代替长期性，将吉芬商品理论从"存在性"争论阶段推进到管理阶段，为我国商品住宅价格管理提供了全新视角。

第二，我国商品住宅市场是不完全竞争市场。本书分析了我国商品住宅市场在市场主体、市场环境和市场客体等方面的特殊性，指出我国商品住宅市场不具备完全竞争市场的前提条件，相反，却呈现出不完全竞争市场的特征属性。在这种不完全竞争市场中，供求规律不能完全起作用，这为我国现行以供求规律为基础的调控政策的失灵寻找到全新的解释视角。

第三，异质有限理性预期在我国商品住宅价格的形成和变动中起到了重要作用。本书通过引入预期理论，将我国商品住宅市场中的预期定性为异质有限理性预期，通过博弈分析证明了预期与商品住宅价格之间的因果关系，通过实证分析证明了预期对于调控政策的影响。在此基础上提出了在我国商品住宅市场中进行预期管理的政策建议，包括：在预期管理中，要基于我国商品住宅的吉芬商品阶段，着眼于静态预期与外推型预期，以消费者的需求侧为重点，坚持价格调控的总方向，着眼于长效机制等。从有限理性预期入手，实现预期的理性化；从异质性预期着眼，实现预期的同质化。

上述创新性的成果对于下一阶段我国商品住宅市场的价格调控、经济发展及国家治理都具有一定的指导意义和应用价值。

第一，为商品住宅价格调控提供了新思路。本书将异质性有限理性预期引入商品住宅调控领域，强调预期在价格形成中的重要作用，将政策的调控重点调整为预期。政府可以通过异质预期的同质化、有限理性预期的理性化这两条路径，引导市场预期、把控市场预期，从而完成价格调控，实现商品住宅调控模式由供求管理向预期管理的过渡。

第二，助力国内大循环与国内国际双循环。本书通过预期管理，形成立足于居住功能的商品住宅理性预期，强调商品住宅市场民生保障的功能，剥离、弱化其金融投资和投资（机）功能，实现价格稳定和"房住不炒"的目标。将该行业占用的大量社会财富予以释放，使资金回流到其他实体经济中，实现大循环与双循环。

第三，推进国家治理体系和治理能力现代化。商品住宅行业是一个在国民经济中占有重要位置、对上游下游产业存在巨大拉动作用的行业，通过预期调控实现商品住宅价格的理性回归，避免经济长期笼罩在价格泡沫破灭的阴影之下，推进国家治理体系和治理能力现代化，达到坚持和完善中国特色社会主义制度的目标。

下一阶段，在本书现有研究的基础上，将在以下几个方面继续和拓展研究的深度和广度：

一方面,继续深化"异质性预期"的研究。本书在异质有限理性预期中侧重于有限理性预期的研究,对于异质性预期的研究不足。今后将着眼于异质有限理性预期的结构分析,侧重于对"异质性预期"的研究。

另一方面,不断细化预期管理措施研究。本书侧重于预期管理的理论层面分析与探讨,在下一步工作中,将从理论层面向应用层面拓展,深入进行对策研究,以增强研究的实用性。

参考文献

[1] Arellano, Bond. Some Tests of Specification for Panel Data: Monte Carlo Evidence and an Application to Employment Equations [J]. Reviews of Economic Studies, 1991, 58 (02): 277-297.

[2] Bagwell L S, Bernheim B D. Veblen Effects in a Theory of Conspicuous Consumption [J]. American Economic Review, 1996, 86 (03): 349-373.

[3] Battalio R C, Kagel J H, Kogut C A. Experimental Confirmation of the Existence of a Giffen Good [J]. American Economic Review, 1991, 81 (81): 961-970.

[4] Boland V F. Uncertainty and the Welfare Economics of Medical Care: Comment [J]. American Economic Review, 1965, 55 (01): 140-154.

[5] Bostic R, Gabriel S, Painter G. Housing wealth, financial wealth and consumption: New evidence from micro data [J]. Regional Science & Urban Economics, 2009, 39 (01): 79-8.

[6] Braun O L, Wicklund R A. Psychological Antecedents of Conspicuous Consumption [J]. Journal of Economic Psychology, 1989, 10 (02): 161-187.

[7] Case K E, Shiller R J. The Efficiency of the Market for Single Fami-

ly Homes [J]. American Economic Review, 1989, 79 (01): 125 – 137.

[8] Cespa G. Giffen Goods and Market Making [J]. Economic Theory, 2005, 25 (04): 983 – 997.

[9] Cespa G. Information Sales and Insider Trading with Long Lived Information [J]. The Journal of Finance, 2008, 63 (02): 639 – 672.

[10] Clayton, J. Rational Expectations, Market Fundamentals and Housing Price Volatility [J]. Real State Economics, 1996, 24 (04): 441 – 470.

[11] De Bruyne K, Van Hove J. Explaining the Spatial Variation in Housing Prices: An Economic Geography Approach [J]. Applied Economics, 2006, 45.

[12] Degrandpre R J, Bickel W K, Hughes J R, et al.. Behavioral Economics of Drug Self – administration [J]. Psychopharmacology, 1992, 55 (01): 211 – 216.

[13] Dougan W R. Giffen Goods and the Law of Demand [J]. Journal of Political Economy, 1982, 90 (04): 809 – 815.

[14] Easterlin, Richard A. Economic Demographic Interactions and Long Swings in Economic Growth [J]. American Economic Review, 1966, 56 (05): 1063 – 1104.

[15] Gilley O W, Karels G V. In Search of Giffen Behavior [J]. Economic Inquiry, 1991, 29 (01): 182 – 189.

[16] Grebler, Leo. David Blank. And Louis, Winnick. Capital formation in Residential Real Estate [M]. Princeton: Princeton University Press, 1956: 124 – 133.

[17] Guilfoyle J P. The Effect of Property Taxes on Home Values [J].

Journal of Real Estate Literature, 2000, 8.

[18] Hicks G. Thoughts in a Small-Town Library [J]. American Scholar, 1956, 25 (02): 177-192.

[19] Hsieh S F. Individual and Institutional Herding and the Impact on Stock Returns: Evidence from Taiwan stock market [J]. International Review of Financial Analysis, 2013, 29 (03): 175-188.

[20] Iacoviello, Matteo. House Prices, Borrowing Constraint and Monetary Policy in the Business Cycle [J]. American Economic Review, 2005, 95 (03): 739-764.

[21] J. T. Y. Wong, E. C. M. Hui. Research Notes: Power of Expectation [J]. Property Management, 2006, 24 (05): 496-506.

[22] John, R, Nofsinger. The impact of public information on investors [J]. Journal of Banking & Finance, 2001.

[23] Kivedal, Karlsen B. Testing for rational bubbles in the US housing market [J]. Journal of Macroeconomics, 2013, 38 (Part B): 369-381.

[24] Kremer S, Nautz D. Short-term Herding of Institutional Traders: New Evidence from the German Stock Market [J]. European Financial Management, 2013, 19 (04): 730-746.

[25] Kuznets, Simon. Long-Term Changes in the National Income of the United States of America since 1870, Review of Income and Wealth [M]. Cambridge: Cambridge University Press, 1952: 29-41.

[26] Leibenstein H. Bandwagon, Snob, and Veblen Effects in the Theory of Consumers' Demand [J]. Quarterly Journal of Economics, 1950, 64 (02): 183-207.

[27] Leung Andrew Y T, Xu Jiana, Tsui Wingshun. Hetero-geneous Boundedly Rational Expectation Model for Housing Market [J]. Applied Mathematics and Mechanics, 2009, 30 (10): 1223-1233.

[28] Leung Andrew Y T, Xu Jiana, Tsui Wingshun. Nonlin-ear Delay Difference Equations for Housing Dynamics Assuming Heterogeneous Backward Looking Expectation [J]. Applied Mathematics and Mechanics, 2007, 28 (06): 699-712.

[29] Levin E, Wright R. Speculation in the Housing Market? [J]. Working Papers Series, 1997, 34 (09): 1419-1437.

[30] Maise, Sheman J. A Theory of Volatilities in Residential Construction State [J]. American Economic Review, 1963, 53 (03): 359-383.

[31] Maisel, Sheman J. Changes in the Rate and Components of Household Formation [J]. The Journal of American Statistical Association, 1960, 55 (02): 268-283.

[32] Malpezzi, Stephen and Susan M. Watcher [J]. The Role of Speculation in Real Estate Cycles. The Journal of Real Estate Literature, 2005, 131 (02): 143-164.

[33] Mccarthy J, Peach R W. Is there a Bubble in the Housing Market now? [J]. Ssrn Electronic Journal, 2005.

[34] Meen G. The Removal of Mortgage Market Constraints and the Implications for Econometric Modeling of UK House Prices [J]. Oxford Bulletin of Economics and Statistics, 1990, 52 (01): 25-38.

[35] Miller, Norman and Liang Peng. Exploring Metropolitan Housing

Price Volatility [J]. The Journal Real Estate Finance and Economics, 2006, 133: 5 – 18.

[36] Morris S, Shin H S. Social Value of Public Information [J]. American Economic Review, 2002, 92.

[37] Muellbauer, John and Anthony, Murphy. Booms and Busts in the UK Housing Market [J]. The Economic Journal, 1997, 107 (445).

[38] Muth J. Rational Expectations and The Theory of Price Movements [J]. Econometric, 1961, 29 (03): 315 – 335.

[39] O'Meara G. Housing Bubbles and Monetary Policy: A Reassessment [J]. The Economic and social review, 2015, 46.

[40] Poterba J M. Tax Subsidies to Owner Occupied Housing: An Assert Market Approach [J]. The Quarterly Journal Economics, 1984, 99 (04): 729 – 752.

[41] Roger E. A. Farmer. Animal Spirits: How Human Psychology Drives the Economy, and Why it Matters for Global Capitalism [J]. Economic Record, 2009, 85 (270): 357 – 358.

[42] Saxton G D. New Media and External Accounting Information: A Critical Review [J]. Australian Accounting Review, 2012, 22 (03): 286 – 302.

[43] Schindler F. Predictability and Persistence of the Price Movements of the S&P/Case – Shiller House Price Indices [J]. Journal of Real Estate Finance & Economics, 2013, 46 (01): 44 – 90.

[44] Silberg J L, Heath A C, Kessler R, et al. Genetic and Environmental Effects on Self – reported Depressive Symptoms in a General Population Twin

Sample [J]. Journal of psychiatric research, 1990, 24 (03): 197 – 212.

[45] Smith, Lawrence B. Household Headship Rates, House – hold Formation and Housing Demand in Canada [J]. Land Economics, 1984, 60 (02): 180 – 188.

[46] Stigler G J. Notes on the History of the Giffen Paradox: A Reply [J]. Journal of Political Economy, 1948, 56 (Volume 56, Number 1): 61 – 67.

[47] Thomas T. What Price Makes a Good a Status Good? Results from a mating game [J]. European Journal of Law and Economics, 2013, 36 (01): 35 – 55.

[48] Uriel Spiegel. The Case of a "Giffen Good" [J]. The Journal of Economic Education, 1997, 25 (01): 137 – 147.

[49] Weill N O. Why Has House Price Dispersion Gone Up? [J]. Review of Economic Studies, 2010, 77 (04): 1567 – 1606.

[50] Wermers R. Mutual Fund Herding and the Impact on Stock Prices [J]. The Journal of Finance, 1999, 54 (02): 581 – 622.

[51] Wheaton W C. Real Estate Cycles: Some Fundamentals [J]. Real Estate Economics, 1999, 27 (02): 209 – 230.

[52] 蔡继明, 韩建方. 我国房地产市场调控走出困局的途径 [J]. 经济纵横, 2011 (08): 13, 27 – 30.

[53] 蔡立雄, 何炼成. 马克思市场价值理论分析——兼论房地产市场的吉芬商品现象 [J]. 经济评论, 2006 (05): 3 – 6.

[54] 曹清峰. 异质预期演化与我国房价泡沫的形成 [J]. 经济理论与经济管理, 2014 (12): 35 – 43.

[55] 仇保兴. 我国房地产市场调控的难点与对策 [J]. 城市发展研究, 2011, 18 (01): 1-7.

[56] 崔红宇, 戴金平. 我国房地产干预政策效果分析 [J]. 河北经贸大学学报, 2013, 34 (05): 95-98.

[57] 戴颖杰, 周奎省. 房价变动对居民消费行为影响的实证分析 [J]. 宏观经济研究, 2012 (03): 73-79.

[58] 杜晓华. 我国货币政策对房地产市场价格影响的实证分析 [J]. 价格理论与实践, 2012 (07): 39-40.

[59] 樊潇彦, 袁志刚, 邱茵茵. 对上海住宅资产价值的测算分析、国际比较与政策建议 [J]. 上海经济研究, 2008 (10): 47-54, 60.

[60] 高波, 王辉龙, 李伟军. 预期、投机与中国城市房价泡沫 [J]. 金融研究, 2014, (2): 44-58.

[61] 高鸿业. 西方经济学 [M]. 北京: 中国人民大学出版社, 2008.

[62] 高苛, 刘长滨. 基于预期理论的住宅市场价格调控模型及其仿真分析 [J]. 土木工程学报, 2008 (04): 95-99.

[63] 古丽斯坦, 路畅, 柳杨. 预期对房价的门限效应分析 [J]. 中南财经政法大学学报, 2014 (06): 52-59.

[64] 何宝峰, 杨文. 房价泡沫的扩散效应——一个房地产调控的新视角 [J]. 中国经济问题, 2016 (1): 96-109.

[65] 何琳, 廖东声. 从非对称性理论分析吉芬商品 [J]. 广西社会科学, 2004 (05): 46-47.

[66] 何雄. 住宅价格的影响因素及理论模型研究——住宅价格理

论的文献综述 [J]. 经济经纬, 2009 (05): 72-75.

[67] 贺京同, 徐璐. 主体行为、预期形成与房地产市场稳定 [J]. 浙江大学学报 (人文社会科学版), 2011, 41 (05): 175-187.

[68] 黄涛. 吉芬商品与因果 [J]. 中国统计, 2017 (11): 17-18.

[69] 黄燕芬, 赵永升, 夏方舟. 中国房地产市场居民加杠杆: 现状、机理、风险及对策 [J]. 价格理论与实践, 2016 (08): 12-16.

[70] 孔煜. 房价波动、银行信贷与经济增长 [J]. 财经理论与实践, 2009, 30 (05): 12-16.

[71] 况伟大. 中国住房市场存在泡沫吗? [J]. 世界经济, 2008, (12): 3-13.

[72] 况伟大. 预期、投机与中国城市房价波动 [J]. 经济研究, 2010, 45 (09): 67-78.

[73] 李斌, 张所地, 赵华平. 中国商品住宅价格与通货膨胀关系动态演变的实证 [J]. 统计与决策, 2012 (23): 129-132.

[74] 李春风, 刘建江, 陈先意. 房价上涨对我国城镇居民消费的挤出效应研究 [J]. 统计研究, 2014 (12): 32-40.

[75] 李峰, 高炳华. 市场预期与房价关系研究——基于房地产市场异质有限理性预期的实证分析 [J]. 价格理论与实践, 2012 (07): 43-44, 56.

[76] 李富有, 王少辉. 经济内循环的内涵逻辑与内卷化挑战研究 [J]. 社会科学, 2021 (01): 34-43.

[77] 李伟伟. 关于吉芬商品新的思索及相关解释 [J]. 现代商贸工业, 2009, 21 (02): 119-120.

[78] 李仲飞, 张浩. 成本推动、需求拉动——什么推动了中国房

价上涨？中国管理科学，2015（05）：143-150.

［79］李仲飞，郑军，黄宇元. 有限理性、异质预期与房价内生演化机制［J］. 经济学（季刊），2015，14（02）：453-482.

［80］梁以德，徐佳娜，崔詠芯. 住宅市场价格波动的异质有限预期模型［J］. 应用数学和力学，2009，30（10）：1223-1233.

［81］梁云芳，高铁梅. 中国房地产价格波动区域差异的实证分析［J］. 经济研究，2007（08）：133-142.

［82］林毅夫. 政府与市场的关系［J］. 中国高校社会科学，2014（01）：19-21.

［83］林跃勤. 房价失控与政府调控［J］. 宏观经济研究，2010（05）：26-33，61.

［84］刘斌，王乃嘉. 房价上涨挤压了我国企业的出口能量吗？［J］. 财经研究，2016（05）：53-65.

［85］刘凡，李秀婷. 我国房地产市场预期管理研究［J］. 特区经济，2014（07）：20-21.

［86］刘明国，李汉文. 需求曲线的形状及其内在逻辑——破解吉芬之谜、构建中国经济学的消费者行为模型［J］. 改革与战略，2010，26（05）：66-69，136.

［87］刘婷，孙绍荣. 导致投资品价格波动的蝗虫效应研究［J］. 经济问题探索，2009（05）：80-84.

［88］刘正山，戚名琛. 对土地批租制度批判意见的批判［J］. 中国土地，2006（01）：23-25.

［89］刘志伟. 市场预期对房地产价格的影响研究［J］. 内江师范学院学报，2007（04）：89-91.

[90] 娄国豪. 消费者理性预期对房地产价格的影响 [J]. 商业时代, 2007 (07): 24, 28.

[91] 路畅, 武建新. 预期因素对房价的作用机制研究——基于最优跨期模型的分析 [J]. 南方金融, 2014 (01): 45 - 49.

[92] 裴亚洲. 建立中国房地产宏观调控长效机制的法律路径 [J]. 河北学刊, 2014, 34 (01): 135 - 139.

[93] 任海英, 杨先鹏. 预期对住宅价格波动的影响机理 [J]. 价格月刊, 2009 (04): 11 - 14.

[94] 任荣荣, 郑思齐, 龙奋杰. 预期对房价的作用机制: 对35个大中城市的实证研究 [J]. 经济问题探索, 2008 (01): 145 - 148.

[95] 邵新建, 巫和懋, 江萍, 薛熠, 王勇. 中国城市房价的 "坚硬泡沫"——基于垄断性土地市场的研究 [J]. 金融研究, 2012 (12): 67 - 81.

[96] 沈悦, 刘洪玉. 住宅价格与经济基本面: 1995—2002年中国14个城市的实证研究 [J]. 经济研究, 2004 (06): 78 - 86.

[97] 沈悦, 周奎省, 张金梅. 异质有限理性预期与住宅价格动态反馈机制系统仿真 [J]. 经济理论与经济管理, 2010 (09): 20 - 28.

[98] 宋立. 管理通胀预期、防范资产泡沫的关键是稳定房价 [J]. 宏观经济管理, 2010 (06): 12 - 15.

[99] 苏斌. 对西方经济学中吉芬物品解释的质疑与思索 [J]. 学术研究, 2004 (10): 48 - 51.

[100] 孙巍, 徐笠崴, 何彬. 资产升值预期、收入水平对房地产价格的影响 [J]. 统计与决策, 2011 (08): 121 - 123.

[101] 王弟海, 管文杰, 赵占波. 土地和住房供给对房价变动和

经济增长的影响——兼论我国房价居高不下持续上涨的原因 [J]. 金融研究, 2015 (01): 50-67.

[102] 王冠, 纪宇晟. 浅谈供给侧改革中的房地产去库存. 价值工程, 2016 (13): 61-63.

[103] 王华春, 赵蕊, 陶斐斐, 段艳红. 理性预期、地产波动与宏观调控政策取向 [J]. 北京邮电大学学报 (社会科学版), 2009, 11 (05): 62-68.

[104] 王家庭, 谢郁. 房价上涨是否推动了城市蔓延——基于我国 35 个大中城市面板数据的实证研究 [J]. 财经科学, 2016 (05): 103-111.

[105] 王军武, 赵玮. 基于预期理论的商品住宅价格模型的应用研究 [J]. 土木工程与管理学报, 2011, 28 (01): 12-15.

[106] 王来福. 预期、不可置信的承诺与政策失效——来自房地产行业的实证检验 [J]. 财经问题研究, 2008 (09): 56-62.

[107] 王频, 侯成琪. 预期冲击、房价波动与经济波动 [J]. 经济研究, 2017, 52 (04): 48-63.

[108] 王松涛. 中国住房市场政府干预的原理与效果评价 [J]. 统计研究, 2011, 28 (01): 27-35.

[109] 王文春, 荣昭. 房价上涨对工业企业创新的抑制影响研究 [J]. 经济学 (季刊), 2014 (02): 465-490.

[110] 翁少群, 刘洪玉. 宏观调控下的房价表现——从需求方心理预期的角度分析 [J]. 价格理论与实践, 2005 (06): 34-35.

[111] 肖卫国, 郑开元, 袁威. 住房价格、消费与中国货币政策最优选择: 基于异质性房价预期的视角 [J]. 经济评论, 2012 (02):

105 - 115.

[112] 徐春华. 对外开放、房价上涨与居民边际消费倾向 [J]. 国际贸易问题, 2015 (01): 58 - 68.

[113] 徐文政, 盛宇华. 预期组合: 将不确定性纳入预期理论的新方法 [J]. 南京社会科学, 2011 (08): 44 - 48.

[114] 徐小鹰. 我国城市住房价格泡沫问题研究——基于房价与地价、房租之间关系的分析 [J]. 价格理论与实践, 2012 (07): 45 - 46.

[115] 薛志勇. 公众预期对我国房地产宏观调控政策影响分析 [J]. 北京行政学院学报, 2012 (03): 89 - 92.

[116] 杨柳, 李力, 吴婷. 预期冲击与中国房地产市场波动异象 [J]. 经济学 (季刊), 2017, 16 (01): 321 - 348.

[117] 尹华. 吉芬物品存在的可能性探析 [J]. 技术经济, 2004 (02): 39 - 40.

[118] 于文涛. 完善我国房地产市场调控长效机制的政策建议 [J]. 宏观经济管理, 2013 (07): 31 - 33.

[119] 余呈先. 我国房地产市场供给侧管理的动因与对策 [J]. 宏观经济研究, 2016 (05): 73 - 78.

[120] 余华义, 徐晨旻. 地方政府发展工具有限、非理性投机与城市房价泡沫变动 [J]. 社会科学研究, 2015 (04): 41 - 51.

[121] 余华义. 经济基本面还是房地产政策在影响中国的房价 [J]. 财贸经济, 2010 (03): 116 - 122.

[122] 喻旭兰, 李峰. 房地产价格与通货膨胀互动机制的实证研究 [J]. 价格理论与实践, 2010 (01): 60 - 61.

[123] 袁博, 刘园. 我国保障性住房建设的经济效应及拓展融资

渠道的研究 [J]. 宏观经济研究, 2013 (09): 92 - 97.

[124] 苑德宇, 宋小宁. 中国区域房价泡沫测度及空间传染性研究——基于 2001—2005 年 35 个大中城市面板数据的实证分析 [J]. 上海财经大学学报, 2008 (03): 78 - 85.

[125] 张超, 李超, 唐鑫. 高校扩招、人口迁移与房价上涨 [J]. 南方经济, 2015 (12): 90 - 103.

[126] 张栋浩, 樊纲治, 王鹏. 房价预期、房价风险与中国家庭股市投资——基于宏微观数据的实证研究 [J]. 福建论坛 (人文社会科学版), 2020 (01): 155 - 166.

[127] 张澜, 周千秋. 市场预期对房地产价格的影响——消费者的理性预期 [J]. 中国科技信息, 2006 (13): 197 - 198.

[128] 张攀春. 吉芬品的经济学解释——兼论短缺经济产生的原因 [J]. 特区经济, 2010 (04): 276 - 277.

[129] 张曙光. 中国经济态势、问题与发展方向探究 [J]. 中国市场, 2013 (47): 7 - 9.

[130] 张五常. 中国面对的房地产政策是大难题 [J]. 房地产导刊, 2010 (04): 23.

[131] 张亚丽, 梁云芳, 高铁梅. 预期收入、收益率和房价波动——基于 35 个城市动态面板模型的研究 [J]. 财贸经济, 2011 (01): 122 - 129.

[132] 张忠野. 房地产宏观调控的法学思考——新一轮房地产宏观调控政策法律研讨会综述 [J]. 华东政法学院学报, 2007 (02): 154 - 160.

[133] 赵华平, 张所地. 居民收入异质预期对住房价格影响的实

证研究 [J]. 统计与决策, 2012 (09): 125 – 127.

[134] 赵华平, 张所地. 房地产的预期评估研究 [J]. 城市问题, 2014 (01): 54 – 62.

[135] 赵伟, 耿勇, 何雅静. 媒体报道、预期与房价波动 [J]. 经济评论, 2018 (02): 133 – 146.

[136] 赵西亮, 梁文泉, 李实. 房价上涨能够解释中国城镇居民高储蓄率吗? ——基于 CHIP 微观数据的实证分析 [J]. 经济学 (季刊), 2014 (01): 81 – 102.

[137] 郑大川. 对"吉芬商品"的重新解释及实证分析 [J]. 华东经济管理, 2007 (03): 155 – 158.

[138] 周建军, 代支祥. 论房地产市场调控中的中央与地方政府的博弈 [J]. 财经理论与实践, 2012, 33 (01): 78 – 82.

[139] 周晓蓉, 李霞. 中国住宅市场宏观调控政策效果的理论与实证分析 [J]. 宏观经济研究, 2012 (02): 23 – 29, 34.

[140] 庄子罐, 崔小勇, 龚六堂, 邹恒甫. 预期与经济波动——预期冲击是驱动中国经济波动的主要力量吗? [J]. 经济研究, 2012, 47 (06): 46 – 59.

[141] 邹士年. 房地产市场供给侧存在的问题及对策 [J]. 宏观经济管理, 2016 (11): 31 – 34.